高校体育场
运营与管理

周伟峰 ◎ 著

吉林出版集团股份有限公司

图书在版编目（CIP）数据

高校体育场运营与管理 / 周伟峰著 . — 长春：吉
林出版集团股份有限公司，2023.4

ISBN 978-7-5731-3064-8

Ⅰ．①高… Ⅱ．①周… Ⅲ．①高等学校—体育场—经
营管理—研究 Ⅳ．①G818

中国国家版本馆CIP数据核字（2023）第045691号

高校体育场运营与管理

GAOXIAO TIYUCHANG YUNYING YU GUANLI

著　　者	周伟峰
责任编辑	滕　林
封面设计	林　吉
开　　本	787mm×1092mm　　1/16
字　　数	152千
印　　张	9
版　　次	2023年4月第1版
印　　次	2024年1月第1次印刷
出版发行	吉林出版集团股份有限公司
电　　话	总编办：010-63109269
	发行部：010-63109269
印　　刷	廊坊市广阳区九洲印刷厂

ISBN 978-7-5731-3064-8　　　　　　　　　　　　定价：78.00元

前　言

在高校体育场馆运营管理中，运营管理人员作为关键影响因素，也是主要的执行人员，在保证具备一定量专业运营管理人员的基础上，才能够使体育场馆运营管理得到理想的效果。然而，就目前高校体育场馆运营管理的实际情况而言，专业运营管理人员仍旧比较缺乏，大部分高校都是由体育教学部门执行体育场馆的运营管理工作，导致体育场馆的运营管理很难达到理想的效果。一方面，体育教学部门工作人员还需要执行体育教学教研工作，缺乏充足时间及精力投入体育场馆的运营管理中，对体育场馆运营管理缺乏深入研究，从而使体育场馆运营管理效果受到影响。另一方面，体育教学部门工作人员不具备运营管理方面的专业知识及能力，很难有效落实运营管理工作，导致体育场馆运营管理很难满足实际需求，影响其发展。

本书首先介绍了高校体育场馆的理论、高校体育场馆的创新以及高校体育场馆建设。之后详细地分析了高校体育场馆设施建设与管理现状，重点探讨了高校体育场馆经营管理基础、高校体育场馆的经营管理与运作形式。最后在高校体育场馆信息化经营管理方式方面进行优化和探讨。

本书在撰写过程中，由于笔者水平有限，难免存在不足之处，恳请广大读者批评指正。

周伟峰

目　录

第一章 高校体育场馆的理论研究

第一节 高校体育场馆的优化改革

本节主要对新时代高校体育场馆设施、开放与利用、经营管理等方面进行了研究与分析。在研究中发现各方面还存有较多的问题，为了更好地促进新时代高校体育场馆的优化改革，响应政府全民健身的号召，本节梳理了新时代背景下高校体育场馆改革的必然趋势，系统地分析了高校体育场馆现状，并提出了优化策略。

新时代需要新奋斗，呼吁着体育的新发展，新时代也是体育精神、理念与实践互相影响的时代。高校体育场馆是体育事业发展的物质保障，在体育发展中占有重要地位，甚至体育场馆的发展情况直接影响着体育事业改革发展的前景，是衡量国家体育实力的一项重要指标。全民健身对加快推进体育强国建设具有重要的现实意义。随着人们物质生活水平的提高，人们意识到了体育对身体健康状况的影响，高校体育场馆作为高校教学设施的一部分，具有很重要的作用。

一、新时代高校体育场馆改革的必然要求

（一）市场经济发展的潜在要求

随着人们物质生活水平的提高，人们的观念也发生了巨大的变化。体育不但可以强身健体、增强体质，而且对人们的性格及心理有巨大的影响，人们对锻炼的需求逐渐加大，因此，出现了市场上缺乏体育场地的现象，出现了供不应求的状况。把高校的体育场馆作为问题的解决手段，不仅解决了人们的健身需求，而且市场经济也得到了发展。因此，新时代的市场发展需要我们充分地研究与开发高校的体育场馆，以满足社会市场经济的需要。

（二）满足人们美好生活需要的必然要求

当前我国社会的主要矛盾已经转化为人们日益增长的美好生活需要和不平衡不充分发展之间的矛盾。体育是人们追求美好生活需要的重要因素，尤其是在当今人们物质生活水平提高及对身体健康状况意识增强的状况下，体育已成了人们幸福指数的衡量标准，逐渐成为人们美好生活需要的重要组成部分。高校体育场馆不仅在学校担任着教学任务，在社会体育活动中也是重要的环节。因此，高校体育场馆的运用成了满足人们美好生活需要的必然要求。

二、新时代高校体育场馆现状探究

（一）新时代高校体育场馆设施情况

新时代由于人们对体育场馆的需求，高校体育场馆承担着社会群体活动场所的重要任务，以满足人们生活需要为基础，增强人们的体质，提高人们的幸福指数，所以，对高校体育场馆提出了更高的要求。例如，要有田径场、篮球场、足球场、网球场、排球场、乒乓球场等室外场地，同时也应有田径馆、羽毛球馆、游泳馆、体育舞蹈馆、武术馆等室内场地，以及相关的餐饮店、休闲服务区、更衣室、运动后沐浴室等设施。然而，高校体育院校场馆设施并没有那么完善。如雷厉在《对北京高校体育场馆资源利用现状及影响因素的研究》中提出，我国在体育场馆设施的分布上有许多不足之处。在数量上，虽然有所增加，但是与国外相比差距仍旧很大，场馆设施不完善，并且投资资金明显不够，经济实力成为体育场馆设施建设的重要原因。[a] 新时代高校体育场馆的规模、设施、资金都存在不足，维修费用更是不到位。体育场馆仍不能满足新时期人们对体育锻炼的向往，不能满足人们对体育生活的需要。因此，我们要了解学生和大众的需要，满足人们的需要，实现以人为本的主张，减少体育场馆设施与配置对学生或者大众所产生的弊端。

（二）新时代高校体育场馆开放与利用情况

新时代高等体育院校不仅兼顾体育教学、学校师生身体锻炼，还兼顾服务于学校周边热爱体育运动锻炼者的任务。本着响应国家全民健身的号召，许多高校体育场馆实行

---

a 雷厉.对北京高校体育场馆资源利用现状及影响因素的研究［D］.北京：北京体育大学，2000.

对外开放的措施，但在对外开放的时间及对外开放的形式等方面还存在一定的局限性。谷俊辰的《河南省高校体育场馆管理与社会开放研究》提出：河南省高等体育院校对外开放还存在数量不足的问题、供需矛盾的问题、日常教学和师生活动及社会开放等三者之间使用冲突的问题等，这些问题都需要急切地去解决。总体来说，我国的高校体育场馆对外开放率还是比较低的。新时代高校体育场馆开放过程中的有偿服务形式还是比较单一的，都是进行简单的训练和场地的租赁。a 杨艳的《高校体育场馆经营策略研究》强调，出现高校体育场馆开放时间与社会开放相矛盾的现象，因此体育场馆的开放应采取更加完善的措施。b 杨意峰的《高校体育场馆社会化利用营销策略构建》强调，当前，我国存在着短缺与浪费场馆资源的情况，说明场地利用并不充分。c 新时代高校体育场馆一部分还存在场馆利用不充分的现象，高校体育场馆在完成教学任务之后，处于闲置状态，并且对外进行开放时，一般是在节假日或者是周六日，并且没有进行管理和宣传，而工作日专为师生员工提供教学使用。因此，很容易导致场馆闲置、平均利用率不高，也导致社会功能和经济功能的发挥受到限制。

（三）新时代高校体育场馆的经营管理情况

高等体育院校体育场馆的经营与管理好坏，影响着场地是否可以发挥设施的功能和使用寿命，更关乎国家开展全民健身计划实施的效果，在体育发展中担任着重要的角色。新时代我国高校的体育场馆比之前有了更加明显的进步，但是我国场馆的经营与管理方面还有许多不完善的地方。前瞻产业研究院 2013 年发布的《2013—2017 年中国体育场馆行业运营模式与发展前景分析报告》认为，中国体育场馆在经营与管理中，存在着使用率、功能、管理观念、营销手段等方面的问题，例如，陈三五的《湖南省普通高校体育场馆资源的配置与管理研究——以湖南省"211 工程"院校为例》显示，管理过程中存在管理人员、管理模式、管理制度等方面的问题，因此，在管理模式、制度方面还存在一定的缺陷。d 在新时代，高校体育场馆的管理人员并不是由专业的管理者进行管理，

a　谷俊辰.河南省高校体育场馆管理与社会开放研究［D］.焦作：河南理工大学，2016.
b　杨艳.高校体育场馆经营策略研究［J］.经济研究导刊，2017（13）：53-54.
c　阳意峰.高校体育场馆社会化利用营销策略构建［J］.经济研究导刊，2017（36）：54-55.
d　陈三五.湖南省普通高校体育场馆资源的配置与管理研究——以湖南省"211 工程"院校为例［D］.长沙：湖南师范大学，2015.

而是由教师兼顾或者由学校管理部门聘请的临时工看管，他们没有接受过体育管理专业的学习和指导在体育场馆管理的经验、专业的知识、体育教学的训练，以及场馆资源的有效配置等方面还有所欠缺。因此，为了体育场馆的科学运行，一些高校体育场馆的经营管理还有待改善。

三、新时代高校体育场馆的优化改革

（一）新时代高校体育场馆设施的优化策略

加大对体育场馆的投资。人们对体育的需求越来越大，现有体育资源无法满足人们对体育的需求。高校的体育场馆在承担教学任务、培养体育人才的同时，应适度地对外来人员开放。但是毕竟资源有限，再加上对体育场馆的不合理利用，降低了体育场馆的使用寿命。因而，资金就成了一个大的问题。相关部门应科学合理地加大对体育场馆的投资，以便发挥其更大的作用。

树立以人为本的意识。在国家大力提倡全民健身的大背景下，我们应根据人们对体育的追求树立以人为本的意识，把满足人们对体育的需要作为出发点和落脚点，以人们对体育锻炼情况的满意度为评价标准，让人们提高对体育的幸福感。新时代高校体育场馆的负责人应主动满足人们对体育锻炼的需要，担当发展体育的责任。

（二）新时代高校体育场馆开放和利用的优化策略

体育场馆多元化运行。新时代高校体育场馆在管理运营方面应进行多元化的运行，而不应只局限于单一的租赁方式。对外进行有偿服务不仅仅面向社会的体育服务，同时也可以满足其他方面对场地的需求，如社会团体、单位人群等。除了羽毛球馆、武术馆、篮球馆、网球馆等对外进行有偿服务外，还可以开展咨询培训、体育会演等活动。比如，可以承办各类比赛和表演，引入各类体育赛事，运用市场化的手段举办事业单位的运动会；举办培训班，充分利用学校的基础设施及丰厚的师资进行培训，不仅增加了经济收入，提高了学校的知名度，也响应了国家全民健身、打造体育强国的号召；还可以开发广告业务，开展各类的商业活动，如赛事广告、冠名广告、开展体育装备展、服装展。另外，还可以筹划一条龙的服务中心，如在体育场馆建立综合服务中心，提供健身娱乐休闲活动为一体的体育服务，把与体育相关的潜力都发掘出来，使新时代高校体育场馆有偿服务的形式不再单一化，而是向多元化的方向发展。

提高体育场馆的利用率。处于新时代的高校体育场馆应准确地认识到学校场馆的特点和状况，并且借鉴其他体育场馆的运营及管理措施，在满足自身教学需要的同时，充分利用自己的体育场馆，提高场馆的利用率。通过多种方式对体育场馆进行开放，挖掘出体育场馆存有的潜力，满足人们对健身的向往心理，为全民健身做出贡献，在一定程度上促进经济的发展。

（三）新时代高校体育场馆经营管理的优化策略

提高体育场馆人员的专业能力。体育场馆工作人员的工作效果直接影响着体育场馆的使用期限，不管是对场馆维护方面的管理、体育教学训练使用方面的管理，还是对外经营方面的管理，对管理人员都有较高的要求。然而，目前，我国特别缺少体育场馆专业管理人才。因此，提高体育场馆管理人员的专业能力是当务之急。学校可以聘请专职人员进行管理，同时对其他管理人员进行统一的专业培训活动，学习国外先进的理念，提高体育场馆人员的专业水平、综合素质及服务质量。

建立健全规章制度。俗话说："无规矩不成方圆。"新时代高校体育场馆都应有合理的制度，然而，有些学校即使有制度，也是个摆设，不按照规矩办事，不严格遵守规章制度，不利于管理。学校应建立健全规章制度，减少损失，创造更高的价值。

建立科学的管理体制。新时代的高校应根据自身体育场馆的特点制定科学的管理体制；同时，借鉴优秀学院对体育场馆的管理与运营方法进行管理创新。可以利用多媒体增强体育场馆的宣传力度，以便挖掘潜在的消费者，使体育场馆的管理方式更加科学，为自身、为社会、为国家创造更高的价值。

高校体育场馆不仅是高校体育教学的载体，而且是人们锻炼身体的主要场所。在这种情况下，人们对高等体育院校的场馆设施、开放与利用及经营管理方面都进行了深入的研究。在研究中发现，体育场馆设施满足不了人们对体育美好生活的需要，对外开放比较单一，不具有多元化，场馆利用率较低，体育经营管理人员专业性不足，以及规章制度、管理机制还不够健全。通过对各方面进行分析提出了相应对策，以保障高校体育场馆可持续、健康有效的发展。

第二节　高校体育场馆社会化

本节以教育部、国家体育总局《关于推进学校体育场馆向社会开放的实施意见》（2017年）为切入点，采用文献研究法、问卷调查法、访谈法等研究方法，对高校体育场馆社会化的风险类型进行了分析，通过风险管理学理论基础找出了我国高校体育场馆社会化的风险及其适用的规避方法，为我国高校体育场馆能够持续、稳定、安全地对社会开放提供部分理论依据。

随着我国经济和社会的不断发展，人民群众已经不再担忧温饱问题，逐渐开始崇尚健康的生活方式，体育运动就成了居民生活不可或缺的一部分。高校体育场馆作为全民健身的重要物质基础的，就要求其考虑在新形势下如何更好地发挥社会服务功能。但是高校体育场馆社会化后，就必然会增加高校管理的风险及压力，为了更好地让我国高校体育场馆设施长久、持续、高效地对社会开放，更广泛地服务于大众，必要的手段就是控制及规避其潜在的风险。

一、高校体育场馆社会化的必然性

（一）国家对高校体育资源开放提出的新要求

《中华人民共和国体育法》（以下简称《体育法》，2022年）中规定了公共体育设施应当向社会开放，方便群众开展体育活动，国家还根据《体育法》制定了一系列的政策用来促进各级教育管理系统的体育场馆对社会开放。早在2017年2月14日，教育部、国家体育总局就发布了《关于推进学校体育场馆向社会开放的实施意见》相关文件，目的就是缓解群众体育锻炼与公共体育资源短缺之间的矛盾。文件中要求各地要加强认识、统一思想，积极、稳妥、逐步创造条件推进开放工作，不断提高学校管理及体育工作质量和水平。高校作为我国教育改革的排头兵，体育资源既有数量上的优势，也有质量上的保证。为此国家提出新要求，在不影响正常教学和科研实践的前提下将高校体育场馆对外开放落到实处，从而提高体育场馆的使用率，达到促进全民体质健康发展之目的。

（二）社会体育发展对体育资源的迫切需求

新时期，社会生产和生活方式发生了翻天覆地的变化。在健康中国的背景下，人民群众的健康意识不断增强，全民健身理念进一步推广，全国掀起了体育健身热潮。体育活动的进行需要活动场所的支撑，体育场馆设施资源是进行运动锻炼的基本保障，但当前我国公共体育场地设施缺乏且地域分布不均匀，在一定程度上影响了全民健身的进程。具有体育设施齐全、环境优美、氛围和谐及运动水平专业优势的高校体育场馆是弥补全民健身场地匮乏的重要部分。

二、高校体育场馆社会化的风险分析

高校体育场馆社会化风险一般由高校自主承担，这样必然会阻碍高校体育场馆的对外开放，因此分析高校体育场馆社会化的风险对完善高校风险防控和管理措施显得非常重要。

（一）高校体育场馆社会化风险的内涵

风险，就是生产目的与劳动成果之间的不确定性。"预期与实际结果的差异"是风险管理学上的定义。法律上则把风险定义为"损失的不确定性"。

（二）高校体育场馆社会化风险的类型

根据风险管理相关的理论，对风险有不同的分类。本节经过总结，认为高校体育场馆向社会开放的风险主要存在安全风险、管理风险、经营风险以及道德环保风险等四个方面。

1.安全风险。高校体育场馆社会化的安全风险包括人身安全和财产安全。人身安全是指高校体育场馆社会化过程中会有大量的、素质参差不齐的社会人员在相对集中的时间进入高校；人身安全还包括社会人员由于锻炼不当或者使用体育设施不当所造成的意外伤害。财产安全包括进入校园锻炼的社会人员在校期间由于疏忽大意而造成的财产损坏或丢失。随着锻炼人员的激增，体育器材设施使用频率大增，使用人员的过分、不当使用导致体育场馆设施损坏，这些也会造成校园资产的流失。

2. 管理风险。组织管理风险主要是指管理机构和管理机制的不合理，具体来说就是在管理的过程中方法不当，或者是忽略了管理的重要性而导致的风险。比如管理者的决策或判断失误、疏忽大意等引起场馆管理风险事件。高校体育场馆在社会化的过程中，相应的管理环境也不断放开，管理对象越来越复杂、内容也越来越多，假如管理者经验不丰富，管理知识不够专业就会造成管理不当。轻者可能会造成场馆维护不当、安排不合理，影响学校正常的体育教学工作秩序，重者可能由于管理不当而造成人身危害等安全事故的发生和学校声誉的重大损失。

3. 经营风险。经营风险，具体指的是学校体育场馆在对外开放经营过程中由于经营不善或疏于经营而给学校带来利益损失。

通过调查分析，高校体育场馆社会化一般有三种模式：第一种是体现社会效益最大化，指各高校自主经营管理的模式。它采取全部或者部分场馆设施免费的开放形式，这样的经营模式经济收益低下，很难长期坚持，维护场馆开放的经费主要依靠政府、学校拨付。第二种是委托经营管理模式，就是将体育场馆设施委托给专业的第三方机构，即借助第三方的专业机构优势，实现对场馆设施的专业化管理。这种专业机构的市场化运作模式经济效益可观，能尊重体育发展规律，也能符合市场发展的要求，但过分强调市场就忽略了校方的自主权，给控制监督经营方造成困难。随着场馆开放程度的加大，就难免对本校教学训练及师生健身产生影响。第三种是高校自身成立体育俱乐部并依托其形式对外开放的模式。该模式属于公益性质，收费低廉，不能满足场馆的正常运行，但其社会效益可观，能提供更高层次的体育服务。

4. 道德环保风险。道德环保风险包含道德、环境不受污染及其可持续发展等多层风险。我国高校无论从人文环境，还是自然环境都是其他体育场所无与伦比的，优越的软、硬件条件能极大程度上吸引社会人员前来锻炼，这为保护学校的环境安全带来了压力，比如噪声、卫生污染等。同时，外来社会人员自我约束能力差异性很大，少数素质不高者衣冠不整、言语粗俗、行为不雅的现象会影响学校人文环境，影响甚至颠覆大学生正在形成的健康世界观，对其成长极其不利。

三、高校体育场馆社会化的风险规避策略

风险管理是一个过程，由"风险"的识别、量化、评价、控制、监督等过程组成，通过计划、组织、指挥、控制等职能，制定风险管理策略，科学规避风险。通过分析高校体育场馆社会化的各类风险表现形式及产生的原因，学习和借鉴其他体育场馆管理的成功经验，根据专家们的多种建议，本节认为应从以下几个主要方面采取相应措施，规避高校体育场馆社会化的潜在风险。

（一）提升风险识别与控制的意识，建立体系化的风险防控机制

各式各样的风险，是不以人的意志为转移的，因此必须树立风险识别与控制的意识。学校要结合实际工作需要，通过各渠道加强宣传风险识别与控制的重要性，加强开展对校内外人员的风险识别及控制的教育工作，把防控风险的相关理念贯穿于日常工作生活当中，并出台相关的政策及法律法规，用来保护高校体育场馆的社会化。

（二）开展安全宣传和道德素质教育

通过培训、讲座、横幅、会议等多渠道多形式开展安全道德教育宣传。校内人员要以身作则，对一切有可能产生风险的行为尽可能地进行劝阻，防患于未然。每个管理人员必须对场馆开放可能发生的安全隐患有清晰地认识，人人提高警惕，人人能明确自己的责任和义务。对校外人员也要通过多渠道多形式开展必要的安全宣传和道德素质教育，如签订安全告知书、观看相关的安全视频后方可进入体育场馆进行体育训练。

（三）完善体育场馆风险管理制度、制定法律援助机制

利用科学技术管控风险，利用制度防范风险，建立法律援助机制应对风险。通过针对性地提出具体的制度，比如建立场馆准入制度、设定最大接待人数限额等，形成定期和不定期进行风险识别及控制的检查制度，经常开展风险防控演练。利用自身优势，建立多部门多机构立体化、多维度的风险防范协作机制，积极与法律部门建立联系，建立法律援助机制。一旦出现安全事故，可以第一时间获取法律援助，从而减少自身的法律风险，规避不必要的风险和麻烦。

（四）选择合理的运营机制，完善产出绩效考核制度

多种运营主体的高校体育场馆的运营模式和营利行为密切相关，体育场馆对外开放的相关利益体众多。据调查，目前我国高校场馆设施运营方式主要有以下三种：一是高校自主经营，按小时或运动项目收费的形式。二是委托经营管理形式，主要是学校体育场馆对外承包，按照市场制定价格。三是合作运作形式，主要是通过与政府、社会单位以及企业单位进行合作的一种运作模式。各种运营模式都有利弊，为了推进体育场馆运营管理模式的改革创新，新兴的 PPP 运营模式被体育馆引入应用。PPP（Public Private Partnership）模式，即政府和社会资本合作，这种模式主要采用办理健身卡、持卡进入场馆的模式，它是一种多赢有效的运作模式。积极探索体育场馆社会化的运营方式，选择建立稳定的、适合本校实际情况的运营模式，是规避学校经营风险的有效途径。

（五）建立突发事件的应急预案

应该在防范体系下建立应急预案，体育场馆潜在的各类风险不可能完全被规避或控制，遇到突发事件，各司其职、各尽其责，及时上报处置，准确把握事实和重点，采取相应措施及时处理，实施救治，相关部门要在第一时间赶到现场，及时做好善后工作，并对整个突发事件过程中出现问题的人或物进行检查、评估，再制定完善一套切实可行的针对此类突发安全事故的应急方案。对制定的各项风险管理政策、制度进行专人监督，保障各项政策的落实，切实做好场馆风险管理工作。

第三节　高校体育场馆 PPP 服务

随着人民生活水平的改善，对身心健康的要求也不断提高，继而引发对体育场馆的需求上升。全民健身热潮下，人民日益增长的体育场馆需求同供给不足的场馆间的矛盾日益突出。而高校体育场馆具备准公共产品属性，虽然需要对外开放，因其特殊属性导致对外开放率并不高，那么如何在现有资源下扩大对外开放，服务全面健身热潮成为议题。基于此，本研究运用文献资料法、逻辑分析法、归纳法等，尝试从 PPP 模式（公私合营）的视角出发，结合 PPP 模式国内外成功经验，分析其在高校体育场馆的应用前景，

并尝试提出高校体育场馆应用此模式的合理化建议。

由于健身产业的快速发展，市场化程度越来越高，对体育场馆的需求上升，因而社区与经营性健身场所已经不能满足群众的健身需求。作为保障群众休闲健身的基础硬件设施，在全民健身时代背景下，供给不足问题凸显。群众健身难、健身贵、无处可去等一系列问题已成为社会焦点，对于相关问题的研究已成为学者亟待解决的命题。PPP 模式是指政府与社会资本合作模式，政府报告中多次强调"在基础设施、公共事业等领域，积极推广政府和社会资本合作模式，并给予极大的政策支持"，这从国家宏观层面对此模式的应用做了诠释，成为我国体育场馆经营管理模式选择的主要政策依据。国外较早将这种模式应用于大型的公共基础设施建设，如水利、桥梁、通信等领域。20 世纪后半叶欧美等发达国家将此模式广泛应用于大型体育场馆设施的建设。高校体育场馆是体育场馆的重要组成部分，但是由于其特殊属性在建设经营过程中并不能照搬社会体育场馆的优势经验，所以在满足基础教学功能的同时对外开放、服务大众健身方面仍有许多问题。因此，本研究立足国外优势经验，结合高校场馆特性，提出高校场馆应用 PPP 模式的几点建议，为 PPP 模式的推广应用提供理论参考。

第六次全国体育场地普查数据显示，我国体育场地数约为 170 万个，其中室内场地 17 万个，室外 153 万个，体育场地面积约为 20 亿 m^2，人均场地面积不到 $1.5m^2$。[a] 这样的数据距离国务院 46 号文件中提到的，到 2025 年我国人均体育场地面积要达到 $2m^2$ 的目标还有很大缺口，以全国 14 亿人口计算，2025 年全国体育场地面积要达到约 28 亿 m^2，体育场地数量超过 250 万个。我国人口基数庞大，但场馆数量与人口不成正比，且多数场馆的归属权为政府，商业化、市场化水平低，对外开放的场馆数量有限。据不完全统计，当前我国体育场馆对外开放率只有 36%。我国体育人口（每周运动 3 次，每次 30 分钟，且达到中等以上强度的标准）的比例不足 30%，相比发达国家体育人口 70% 的比例任重而道远。同时需要关注的是，我国青少年（学生这一群体体质健康水平更是引起社会广泛关注）体质健康状况多年来呈连续下降趋势，虽然政府采取了一系列的干

---

a　蒋亚明，王辉．第六次全国体育场地普查数据发布［N］．中国体育报，2014-12-26.

预措施，但是结果仍不尽如人意。人均体育场地面积不足成为现实阻碍。当前社会矛盾已转化为人民日益增长的美好生活需要和不平衡不充分发展之间的矛盾。而学校体育场馆作为体育公共服务的一环在此环境下应顺应社会需要，为全民健身提供长足动力。当前我国学校体育场馆存在资源短缺与浪费严重的现象，在经营组织和日常维护等方面有效机制不明确，导致责任主体不清晰，致使场馆资源利用率低。我国学校体育场馆数量增速明显，但是学校体育场馆功能偏向于服务教学、训练和学生的课外兴趣活动，场馆的对外开放程度有待提高，因为运营主体是学校，市场化介入因素很小，因此学校的体育场馆利用率低，加之成本约束机制的缺失，导致维护成本过高，场馆资源浪费严重。所以如何利用现有的场馆资源，满足学校正常教学活动和校外群众健身需求，成为热点问题。

一、PPP 模式在国内外体育场馆的应用实践

以美国为例，20 世纪七八十年代美国的体育产业发展迅速，且市场化程度很高，相关的法律保障为体育产业保驾护航。同时，政府开始允许民间社会资本进入体育场馆投资建设，NBA 菲尼克斯队的主场球馆是较早采用 PPP 模式由政府和民间资本共同投建的，其中政府的投资约占四成，社会资本占六成，投资人依靠球场广告收入、赞助费、场地出租等形式经营场馆。民间投资人聘用专业的团队与公司打造球馆，收入持续增加，球馆不断升值。此时政府扮演着受益人的角色，太阳队每年缴纳 50 万美元的收入给政府，且保持年 3% 的增长率上缴当地政府。此后的 2000 年悉尼奥运会主场馆、2012 年伦敦奥运会场馆都采用 PPP 模式投建。2008 年北京奥运会主场馆鸟巢是集大型体育竞赛、文艺演出等活动为一体的多功能体育场，即采用 PPP 模式建造，这也开启了 PPP 模式在我国体育场馆应用的先河。政府向社会公开招标，中信等其他三家公司成功中标，政府方面由北京国资有限公司与民间代表中信建团两家公司共同组建了国家体育场责任有限公司，政府占股 58%、民间占股 42%。在投资建成后，允许中信集团享有 30 年的经营权。

二、PPP 模式的优势分析

（一）收益共享、风险共担

高校体育场馆准公共产品的属性决定了其对外开放的必要性，从以往学者的研究中可以看出高校在对外开放过程中，承担了相应的风险，从而导致开放意愿不是很强。高校体育场馆在满足自身教学功能的同时对社会开放，可以缓解当前供需不匹配的问题，但群众在锻炼过程中有发生意外事故的风险，学校最后成了责任主体。PPP 模式的引入可以有效规避此类问题，从利益相关者角度，社会力量采用市场化方式经营管理场馆，通过购买商业保险等方式，可以有效降低场馆安全风险和其他不可预见的风险。

（二）解决高校场馆资金短缺问题

一直以来，资金问题是制约高校体育场馆对外开放的主要因素。高校体育场馆在教学期间要满足学生上课及竞赛训练的要求，长期的使用磨损加快了设施的更换周期，人员费用与维修费用是一笔极大的开支，所以高校在对外开放上的意愿不是很强烈。如果采用 PPP 模式，可以从源头解决资金问题，有效吸纳社会民间资本，政府与高校在此过程中扮演参与者与服务者的角色。采用专业的经验管理模式可以从体制上弥补传统模式下投资无回报的制度缺陷，实现市场化运作，收益者为高校与合作主体。

（三）市场化运作，提高运营效率

传统的高校体育场馆建设为学校后勤或基建处参与，外包给社会建设公司，大多数施工方不是专业做体育场馆设施建设的，所以在实际建设过程中细节落实不到位，在后期的维护保养过程中由后勤统一管理，管理方式也不科学。PPP 模式采用市场化运作方式，可以有效提高运营效率。与传统模式相比，引入市场竞争机制，不仅拓展了资金渠道，而且优化了投资结构。学校通过公开招标的方式引进投资方，采用先进的方式建设，先进的理念经营，可以有效提高运营效率，在对外开放时间、定价标准制定等环节更加人性化、高效化。

三、高校体育场馆实施 PPP 模式的几点思考

（一）政府：建立健全法律法规，保障管理运作的规范性

在 PPP 模式下，加快建立健全相关法律法规是保障高校体育场馆积极吸收社会资本、扩大对外开放、服务全民健身的有效保障。PPP 项目是一个复杂的系统工程，需要多部门全方位的配合协调，尤其是法律关系复杂，需要完善的法律法规对项目的招标、建设、经营等环节加以规范。从当前的政府文件中可以看出，PPP 模式是我国大型公共设施发展的趋势，相关的配套政策、地方性的管理制度还不能完全匹配，需要政府研究并出台相关法律文件，落实到高校主体，尤其要界定清楚相关方的责任、义务、风险，以及对外开放的收费标准。

（二）学校：拨正思想，践行社会服务职能

培养人才、科学研究、社会服务是高校的三大职能，社会服务职能主要体现在这几方面：（1）为社会提供场所设施。（2）提供人才、技术。（3）主动参与社区研究、解决实际问题。长期以来，我国普通高等学校的学校体育在服务社会职能上的指导思想有偏差，高校体育场馆在满足自身教学、训练的同时对外开放的意愿并不强烈。理念是行动的指南，只有树立正确的发展理念，才能有效服务实践，方能满足日益开放化、市场化、社会化的高等学校体育工作发展的需要。从理念到实践层面，层层落实，以期服务全民健身，促进全民健康。

（三）社会：加强专业人才培养，保障管理效率

专业的人才团队是保障投资经营活动成功的核心因素。研究表明体育产业发达的国家，如美国、英国、德国等都注重体育相关专业人才的培养，在高校开设体育产业相关课程，且分类十分精细。PPP 模式在中国的发展时间不长，其操作模式的复杂性与多样性要求从业人员了解金融、投资、法律、债务等多方面专业知识。我国尚处于摸着石头过河的经验探索阶段，很多范本是借鉴西方发达国家，加快相关专业人才的培养是当务之急。具体路径可以通过：（1）公派专业骨干到国外考察招标、建设、经营等具体流程。（2）邀请国外专业团队到国内集体授课，对具体项目实施培训。

随着体育产业市场化发展的深入，PPP 模式会广泛应用于体育场馆领域，公私合营

的方式解决了高校场馆资金短缺的问题，收益共享，风险共担。市场竞争机制的引入将倒逼场馆经营者提高服务质量与经营效率，这是供给侧改革在体育领域的具体体现，此模式最大限度地将公共体育资源的合理要素最优配置，实现资源的有效供给，在时间、项目等环节不断优化以满足大众的健身需求。同时需要注意的是，PPP模式在高校体育场馆中的应用还没有丰富的实践经验，但它对体育场馆的发展具有重要作用。随着产业政策的落实，市场环境的不断改善，PPP模式应用于体育场馆建设与管理成为趋势，以期更高效地服务全民健身。

第四节　高校体育场馆的设计

对于一座建设于高校内的体育场馆，我们关注的不仅仅是体育场馆对赛事功能的满足，还有体育场馆的建成对校园和城市的长期影响。体育场馆的落成对校园环境的改善、体育场馆赛后的场馆运营问题、体育和教育相结合等问题是设计的中心所在。本节主要论述如何设计出更加合理的高校体育馆，在满足日常教学使用和学生体育训练要求的基础上，思考出最合理、最实用的高校体育场馆设计，为高校体育场馆未来的建造提供一定的参考与借鉴。

一、项目定位与目标

高校体育场馆在满足学校正常教学要求的基础上，兼顾大型运动会的比赛要求，赛后作为学校的体育设施加以利用，这是当前高校体育馆发展的重要模式。

大型体育比赛场馆赛后的综合利用同时也是体育场馆设计的难点之一，因此，对于主要面向学校教学和学生运动的高校体育馆而言，不能把建设标准定得过高和不切实际，避免增加赛后管理难度，造成资源浪费。故应灵活考虑在配套设施及功能用房设计上预留可扩展和增设临时设施的空间和条件，以满足各级比赛要求。

二、总体规划

（一）设计目标

完善的赛时功能保证，充分的赛后利用规划。按照"满足功能，结构合理，外观有特色"的总体要求，以经济、高效、务实、开发的理念进行总体规划和单体设计。

（二）空间形态

考虑体育建筑的基本要求，对大跨度、大空间进行"量体裁衣"是设计始终坚持的原则。表皮、室内结构的一体化设计，室内、景观与建筑的一体化设计，力求各方面的最佳与平衡，整体效果一气呵成。综合利用玻璃幕墙、不锈钢板、铝合金百叶等材质以表达现代体育建筑简洁的气质。

（三）交通系统

交通设计的核心是确保公共交通、紧急车辆、私人汽车（包括后勤车辆），以及残障人士、自行车和步行者都可顺利到达体育场馆内的所有区域，满足所有运动员、师生、员工和观众的任何通向需求。

保证赛时一场一馆有一个完整的交通体系：设有单独出入口，从而尽量减少对日常教学的扰乱。

三、体育馆单体设计

（一）建筑规模等级

体育建筑等级根据其使用要求可分为特、甲、乙、丙级，根据座位的容量可以分为特大、大型、中型、小型。体育馆作为综合性设施进行多项竞技和训练使用时，应根据所开展的运动项目和相应的竞赛规则要求，合理确定比赛场地尺寸、设备标准和配套设施，并据此进行建筑设计。

（二）平面功能布局

体育馆一般由比赛馆和练习馆两部分构成。练习馆主体空间为一层通高空间，保证了与比赛场地同一标高，方便赛时使用。一般可开展篮球、羽毛球、排球等训练项目。练习馆一层设独立门厅，供男女使用各一套休息厅、卫生间、更衣室和淋浴室，以及供练习馆使用的设备用房。比赛馆可用于篮球、排球、手球等多项比赛，底层设置运动员区、贵宾区、裁判区、记者区、竞赛管理用房等功能用房。无比赛时，除设备用房等不便改造的功能用房外，还可按照需要改造为健身中心、体育用品商场、咖啡厅等经营用房。体育馆主馆二层为观众门厅、休息厅及公共卫生间、小卖部等用房，并有部分营业用房。观众可由室外大台阶直接到达二层观众入口大厅，再进入座席区。

（三）场地设计

体育馆场地的布置可供手球、篮球、排球、网球、羽毛球、乒乓球、举重拳击、摔跤、武术等多种运动项目的比赛和练习。通过活动座席的设置调节内场大小，灵活使用。

为提高场馆设施的效率，设计中对提高场馆利用率方面进行了多项考虑。比赛场地充分考虑了多种比赛要求，可适应篮球、排球、手球等各类球类和体操武术比赛，平时也可作为训练场地利用。一层练习馆、运动员休息厅和检录大厅可在平时改造为健身中心用房长期对外开放，可根据市场情况布置羽毛球、乒乓球场地，运动员的更衣室、淋浴室可供健身人群使用；健身中心的入口区可视需要改造成营业用房，如体育用品商店、咖啡厅、小型超市等。平时二层观众门厅、休息厅可用作健身俱乐部，布置台球、乒乓球等设施，或用作瑜伽、健美操等场地，休闲酒吧、咖啡厅等娱乐用房。

（四）视线设计

根据运动项目的不同特点，使观众看到比赛场地的全部或绝大部分，且看到运动员的全身或主要部分。体育馆视线设计是为使观众席各区均有较好的视线。普通观众席固定和活动座椅座位基本视点为篮球场边线地面，眼位高度取值为 1.15 米；每排视线升高 $C=60mm$，视线质量等级宜为一、二级。主席台：基本视点为篮球场边线地面，眼位高度取值为 1.15 米；每排视线升高 $C=120mm$，视线质量等级为一级。

（五）交通流线

观众流线：观众一般通过大台阶上至疏散大平台，平台在比赛馆周边环通，观众可根据分区入口到达座席。观众席分为上下两层，每层看台由纵走道分成若干区，包括主席台。贵宾流线：贵宾可通过门厅进入贵宾休息室，在休息室设单独出入口直接进入主席台和比赛内场。贵宾用房与观众、运动员、记者分开，但又方便联系。运动员流线：运动员可通过比赛馆一层入口经门厅、检录厅进入比赛场；也可通过练习馆门厅进入训练场进行训练，再进入比赛场。裁判流线：裁判员由一层门厅经裁判工作区入场。记者流线：记者由一层门厅进入新闻中心。内部工作人员流线：由一层门厅进入各相关工作用房。以上人流组织既满足疏散要求，又分区明确，避免流线交叉。

（六）疏散设计

观众席纵走道之间的连续座位数目，室内每排不宜超过 26 个，室外每排不宜超过 40 个。当仅一侧有纵走道时，座位数目应减半。安全出口应均匀布置，独立的看台至少应有两个安全出口，体育馆每个安全出口的平均疏散人数不宜超过 400~700 人。观众席走道的布局应与观众席各分区容量相适应，与安全出口联系顺畅。疏散宽度根据体育馆观众席的座位数，按住房城乡建设部 2018 年发布的《体育建筑设计规范》中的表 4.3.8 相关内容进行计算。

综上所述，以全民健身为目标的体育建设是为实现更健康的生活而服务的。全方位的体育服务概念是在更高层次实现体育和休闲化健身的双重目的。建设优秀的高校体育场馆不仅需满足日常教学和体育训练要求，还需能承接高规格的体育赛事。

第五节　高校体育场馆租赁

租赁模式是高校体育场馆对外开放的重要模式。本节采用文献资料法、访谈法和数理统计法对高校体育场馆对外开放过程中的租赁模式进行分析，认为租赁合约持续性不强、场馆维护支付矛盾突出、体育场馆承租方收益不高和安全隐患增大是当前高校场馆租赁面临的主要困境。为突破这些困境，提出了提高市场承租能力、完善场馆开放法规体系、引入第三方机构规避风险及完善安全保障和保险制度等优化策略与路径。

在全面深入推进全民健身战略的过程中，相比于人民群众日益增长的体育锻炼需求，体育场馆数量供给不足的现状已成为制约全民健身战略全面推进的重要因素。据国家第六次全国体育场地普查数据公报显示，在全国体育场馆中，教育系统体育场馆面积占比53.01%，学校体育场馆对外开放是解决当前全民健身公共服务供需矛盾的重要途径。作为学校体育场馆的重要组成部分，高校体育场馆在寒暑假及课后时间基本处于空置状态。盘活高校体育场馆存量，对于解决当前全民健身活动中场地设施供给不足的现实问题，具有十分重要的意义。

近年来，随着国家层面对学校体育场馆对外开放的政策支持和鼓励，越来越多的高校体育场馆逐步实行对外开放。在目前高校体育场馆对外开放的管理模式中，集体承包（尤其是体育部门承包）和租赁管理模式是营利情况较好的两种模式。高校体育场馆租赁管理模式是指高校将体育场馆有限期地交于承租方进行经营，承租方依据合同规定自主经营并向出租方交付一定租金的管理模式。本节通过对部分采用租赁模式对外开放的高校进行调研，发现体育场馆租赁模式也存在不少问题，这对高校体育场馆持续有效对外开放造成了一定影响。为此，本节通过对普通高校体育场馆租赁模式进行理论分析和实地调研，尝试对这一问题进行有益探讨。

一、高校体育场馆租赁模式的主要困境

（一）租赁合约持续性不强

在高校体育场馆实行租赁模式的过程中，体育场馆不再被续租，承租方不断更换，这给体育场馆租赁持续性带来一系列问题，对于高校来说，体育场馆规模普遍较大，相应的配套设施较为齐全，体育馆的初期建设投资是比较大的，因此高校对外租赁的价格自然不会太低。当前承租高校体育场馆的以个体户和小企业为主，其运营资金普遍不足，在高校体育场馆较高的租赁价格下，承租方往往难以承受，导致租赁合约持续性不强。

（二）场馆维护成本支付矛盾突出

在现阶段大型体育场馆运营中，普遍存在场馆维护成本较高的问题。高校体育场馆对外开放，同样存在这样的问题，由于进馆锻炼人群的大幅度提升，体育场馆内的器材设施损耗增加，损耗较低的体育器材设施承租方可以进行及时有效的维护和保养，而损

耗过大、需要更新换代的体育器材设施，承租方则无力承担。作为出租方的高校，一般不愿意为已租出的体育场馆支付过高的维护费用，这就导致了体育场馆维护成本支付矛盾难以解决的局面。

（三）体育场馆承租方收益不高

在高校体育场馆实行对外开放的过程中，每一所高校对外开放的管理模式都不尽相同，绝大部分高校是对社会大众实行免费和低收费的有偿服务。当前，在实行有偿服务的大部分高校体育场馆中，对本校教职工和学生收费价格偏低，但承租方以现有价格对社会开放，则根本无法补偿场馆器材设施损耗引致的成本和体育场馆人员的管理成本，承租方也谈不上有什么利润。若调高收费价格，不仅锻炼人群会急剧减少，同时也违背了高校体育场馆对外开放服务的公益性。在这种情况下，高校场馆开放定价的不确定性，造成了高校体育场馆承租方收益困境。

（四）安全隐患增大

高校体育场馆本是对大学生实施体育教学的场所，在高校体育场馆对外开放进行公共服务的过程中，校园内人员的增加，给高校的管理工作带来了新的难度。如有报道指出，学校体育场馆对外开放的过程中，校方积极性不高，是因为逐渐增多的外来健身人员增大了学校安全方面的隐患。要实现体育场馆租赁模式管理的可持续性发展，解决体育场馆的安全保障问题就无法回避。

二、高校体育场馆租赁模式困境产生的原因

（一）国家政策法规体系不健全

当前，国家正积极推进学校体育场馆对外开放，教育部、国家体育总局《关于推进学校体育场馆向社会开放的实施意见》（2017年）从总体要求、开放范围、开放办法、保障措施、组织实施这几个方面对学校体育场馆对外开放问题进行了规范和要求，这一政策有效地缓解了我国人民群众日益增长的体育健身需求与体育场馆资源供给不足之间的矛盾。但从教育部和国家体育总局发布的具体实施意见来看，当前国家政策法规体系仍停留在宏观制度设计层面，其实施意见中关于学校体育场馆开放的诸

多细节问题仍然是不明确的。如对体育场馆开放的定价问题，并没有做出明确规定或制定与之相对应的政策法规，这就给高校体育场馆对外开放过程中的操作困境埋下了伏笔。

（二）承租方承租能力有待提高

承租方承租能力不高，会直接导致高校体育场馆租赁持续性不强和维护成本较高的困境，高校体育场馆的相对较高的租赁价格、场馆器材设施的维护和更新换代，以及场馆管理资金问题等都在考验承租方的承租能力。作为参与公共体育服务供给的主要社会力量，高校体育场馆承租方力量相对较小，是当前公共体育服务多元供给中的一个短板。作为高校体育场馆承租方的个体户和小企业，无论是场馆运营能力和资金周转实力，还是对接高校和政府管理部门的经验和实力，都无法做到游刃有余地应对当前的体育场馆承租活动。承租方能力不足，是造成高校体育场馆租赁困境的重要原因。

（三）简单合约方式影响安全保障

高校体育场馆在对外开放过程中，无论实行哪一种体育场馆的管理模式，其体育场馆内的安全问题都是不可忽视的。高校体育场馆实行租赁管理模式，若体育场馆内发生校内外人员矛盾、体育活动伤害事故、人身伤害事故等危险和不可控的情况，都难以进行及时有效的处理。然而，由于高校与承租方之间一般仅通过简单的合同方式履行租约，政府也并没有出台具有指导性意见的明确可行的保险制度，如何为开放人群购买责任保险，在高校和承租方之间常常未能达成共识，双方都有搭便车的趋利心态，使通过保险规避安全风险的制度保障难以形成，这使得安全保障问题一直困扰着高校体育场馆租赁。

三、高校体育场馆租赁模式优化路径与策略

（一）开源节流，双向提升市场承租能力

优化高校体育场馆对外开放租赁模式，提升承租方的承租能力是前提。对承租方，高校一方面要帮助其增加收益，另一方面要降低成本，开源节流才能真正帮助其解决问题。承租方可以通过整合高校体育场馆现有的资源，改变单一的门票和入馆收费，拓展

业务，发展青少年体育运动培训，举办一定的赛事活动，在保证高校体育场馆服务公益性的同时，提高高校体育场馆的盈利可能性。同时，对于高校在收取租金时，考虑到承租方的资金实力等方面的原因，可分时间段进行收取，改变5年以上一次性收取高额租金的方式，提高体育场馆承租方的承租能力，使承租方能更好地进行体育场馆的运营管理和维护。

（二）细化政策，完善场馆开放法规体系

国家层面应尽快细化学校体育场馆对外开放的政策法规，为高校体育场馆租赁提供操作性指导。相关业务管理部门和物价局等单位，应综合考虑各地区的情况，对高校体育场馆出台明确具体的政策法规，在合理定价、合同规范等方面给予更多政策支持。如定价方法，可采用目标利润定价和区分需求定价两种方法。目标利润定价法是通过体育场馆的整体成本进行定价，即在保证体育场馆各项收支平衡的情况下进行合理定价。采用区分需求定价法，分四种差别定价：第一种是高校系统内外差别定价，即校内人员与校外人员进行差别定价。第二种是支付手段的差别定价，支付手段主要分为年卡消费、月卡消费、次卡消费。第三种是不同规格场地差别定价，不同规格和不同环境下体育场地的运营成本是不一样的，如塑胶场地和室外足球场维护的成本不尽相同，可差别定价。第四种是运动时间差别定价，根据运动时间的差别，依据每个时段的多少来差别定价。在合同规范、承接方式等方面，也可以参照定价的方法，出台明确具体的政策法规，促进高校体育场馆租赁模式管理科学化、高效化和系统化。

（三）强化救济，完善安全保障和保险制度

建立安全保障和保险制度，是高校体育场馆租赁模式健康可持续发展的保障。保险制度是解决这一问题的有效救济手段，完善安全保障和保险制度，应通过高校与承租方协商，明确双方购买保险的责任，来实现转移风险的目标。具体操作过程中，应从以下几个方面入手：第一，建立实名登记制度，加强对来校锻炼人员的管理，并协商为入馆人员购买专项责任保险，未购买专项责任保险者禁止入馆健身锻炼。第二，在高校微信公众号上，发布安全健身的相关文章和注意事项，帮助健身人群在保障自

身安全的前提下，进行体育健身锻炼活动。第三，高校体育场馆制定相关的管理规定和办法，并配置齐全基础安全设施，如警报器、灭火器、消防灯等，以降低安全事故风险。

高校体育场馆对外开放实行有偿服务，有利于促进体育消费、促进经济发展。体育场馆实行租赁管理模式，一方面是促进高校体育场馆做到与社会资源互补、共同发展，另一方面则是为了推进高校体育场馆租赁模式管理快速发展。为使高校体育场馆的管理更为系统和专业化，更好地为广大青少年和人民群众服务，在普通高校体育场馆管理模式中，可以适当借鉴国内外的成功经验，根据高校本身体育场馆的具体情况，在制度设计、合作方式、协同流程等方面进行相应的改进，让高校体育场馆租赁模式管理更为科学和高效。

第六节　高校体育场馆的合理化利用

在现代社会中，随着社会经济的飞速发展，人民群众的生活水平日益提高，体育锻炼已经逐步成为人们日常生活中重要的一部分，人们对体育资源的需求日益强烈。人们不仅通过关注体育活动满足自己精神层面的需求，而且有充裕的闲暇时间投身到大众体育活动中去，以达到强身健体、协调人际关系、实现自我价值的目的。然而我国的社会体育尚处于起步阶段，发展也不平衡，社会体育资源相对匮乏，尤其是体育场馆的匮乏，导致我国社会体育的发展举步维艰。相反，高校遍布全国各地，拥有雄厚的体育师资、较完备的体育设施和器材等物质资源，这种丰富的资源若能在目前阶段下辅助社会体育的发展，为社会体育提供人力、物质资源，必定会为社会体育的发展增光添彩。

一、高校体育场馆是社会体育的一个重要组成部分

（一）社会体育场馆缺乏

根据第七次全国体育场地普查结果，全国共有体育场地 316 万个，人均体育场

地面积 1.86 平方米。当然，随着国家经济的发展和人民生活水平的提高，国家、社会甚至个人都积极地参与到体育场馆的建设中去，使得社会体育有了较大的发展。然而现有的体育设施还存在以下问题：一是国家对体育设施的投入总体上不足，欠账较多，满足不了社会居民的体育需求。二是体制不顺，有些高校体育设施结构性闲置，很多高校的体育场馆不对外开放，使居民无法到高校体育场馆进行体育锻炼。三是布局不够合理，部分小区体育设施档次低、设备单一简陋，不能满足社会居民的需求。

（二）全民健身对体育场馆提出了更高的要求

随着人们物质生活水平和文化素质的提高，健康的生活方式越来越受到人们的推崇。健康的工作、学习、生活是老百姓新的追求，而体育运动是"健康生活方式"中的重要内容。学校的文化氛围、教师的正确指导、学生锻炼的热情、良好的锻炼场所、优美的环境等，无不吸引着广大群众进入学校参加锻炼。尤其是中国社会和经济的发展，人民生活水平和健康水平的不断提高，全民健身运动卓有成效的开展，使得体育健身的观念已逐渐被人们接受，使得体育人口迅速增加，社会居民体育健身需求日益增长与体育场馆数量有限的矛盾显得尤为突出。

二、高校体育场馆与社会共享是高校的责任和义务，也是高校发展的需要

（一）高校体育设施向社会开放是高校的责任

2021 年，国务院发布《全民健身计划（2021—2025 年）》的通知中指出，各种国有体育设施都要向社会开放，加强管理，提高利用率。根据这一精神，高校应在不影响教学、训练和群体工作的情况下，向社会开放体育场馆，为全民健身服务。1999 年教育部办公厅下发了《关于假期公休日学校体育场馆向社会开放》的通知，更加具体和明确地对此提出了要求。《中华人民共和国体育法》（2022 年）和《全民健身计划（2021—2025 年）》（2021 年）以及中共中央、国务院《关于进一步加强和改进新时期体育工作的意见》（2002 年）中都有明确的相关规定："各种国有体育场馆设施都要向社会开放，加强管理，提高

使用效率。"高校体育设施属于国有资产，向社会开放，为社会大众服务是高校的一种责任。

（二）高校体育场馆社会共享也是高校发展的需要

早期的大学是一个相对独立和封闭的社会，有自己独立的管理体制和机制。我国大学的建设也继承并具备了这个特点，形成了所谓的"单位制"。每一个学校在其管辖范围内都是一个独立的社会，有自己的建筑设施和社会设施，以及管理机构和管理网络。自我封闭的"围城意识""大院文化"独成一格，与周围社会关系冷淡，仅限于名义上的管辖和被管辖。由于大学级别较高，社会对其无法实现有效管理，因而也无法纳入社会资源整体配置体系中，结果是隔开了学校和社会的联系，也加大了学校的运行成本。随着20世纪五六十年代世界范围内高等教育改革的深入，现代大学对社会发展的作用日益突出。高校已经不仅仅是一个教学和科研机构，而且在发挥培养人才、科学研究作用的同时，成为社会的文化中心、服务中心，成为城市社会结构的一部分。高校为社会服务是全方位的，从高端方面讲，为国家和地区社会经济发展服务，为国家人才培养服务。从中间层面讲，是为企业和部门提供高新技术和咨询服务，提供具有较高素质的技术人员，体现在具体的科研项目上。从低端层面讲，则是大学和城市社会的关系。我国近几年高等教育高速发展，已经进入大众化阶段，高校的规模不断扩大，校区布局分散，逐步实行服务社会化，社会和大学的关系逐渐引起人们的注意。一方面高校要对周围社会的环境改造和人文建设做出贡献，提高社会的文化品位。另一方面，周边的社会有着大量为高校服务的行业，为师生提供多种多样的服务。社会人文形态和生活品质的日益提高，还为高校提供了一个良好的存在环境，有利于高校更好地完成自己的使命，也有利于高校实行社会化管理模式。

三、高校体育场馆与社会共享的对策与建议

（一）高校体育场馆与社会共享要转变观念

高校体育场馆资源向社会开放，实现资源共享是一件实践性很强并具有开拓性的工作，需要解放思想，敢于突破传统的、封闭的教育管理观念，应大力宣传体育

资源共享的意义和必要性。部分高校领导还没有摆脱学校教育只限于学校范围内的传统教育管理观念，没有确立学校体育应与社会相联系的新理念。因此需要加强宣传，统一认识，明确开放意义。学校体育资源向社会开放，是全面贯彻《体育法》（2022年）、《全民健身计划（2021—2025）》（2021年），加强学校与社会的联系，提高体育资源的共享率，推动群众性体育活动广泛开展的重要举措，需要从政治的高度来加以认识。

（二）高校体育场馆与社会共享要规范合理

教育行政部门应建立学校体育物质资源与社会体育共享的规范和制度，要把实现学校体育资源与社会共享工作作为深化体育改革的重要课题，列入体育工作的规划之中。建立学校代表和街道社会代表共同参加的体育资源共享协调机制，加强与社区居委会合作，完善操作方法，规范管理措施。学校体育资源向社会开放之初缺乏必要的管理经验，为保证开放工作有效、有序地进行，需要同体育主管部门、社区居委会合作，完善现有的操作办法，规范管理，使高校体育资源与社会体育共享工作规范化，保障共享网络的正常运行。

（三）高校体育场馆向社会开放要注意时间、形式和内容

高校和社会的组织形式不同，目标和利益体系也不尽相同，因此彼此间存在一些隔阂是正常的。高校毕竟是学校，有其自身的教学和科研任务，师生要求的生活居住环境和品位也与一般的社会居民不同。对社会来说，靠近高校不仅是大量的商机，促进其繁荣，更重要的是高校的体育设施开放提升了社会的人文环境，因此双方利益有融合的地方，在遇到矛盾时双方要克己敬人，从社会发展的大局着想。特别注意在体育设施开放时间、形式和内容的安排上要统筹安排，不能影响学生和教职工的学习、教学和文化娱乐。

（四）高校体育场馆向社会开放需要一定的资金来保障

体育行政主管部门应加强扶持力度，可以从发行各种类型的体育彩票收益中适当调拨专项费用，加强高校体育场馆设施的建设与维护。高校也可以通过适当的收费予以开放，用于体育场地开放的管理、值班及维护；也可与社会共同承担必需的费用，缓解全

民健身路径的安全和压力，减轻高校体育经费的投入压力，为各个社区全民健身的广泛开展拓宽途径。

第二章 高校体育场馆的创新研究

第一节 高校体育场馆联盟

高校体育场馆联盟是提高高校体育场馆综合利用效率的一种新的尝试。高校体育场馆联盟的构建过程包括高校体育场馆自测、高校体育场馆联盟伙伴选择、高校体育场馆联盟价值链活动选择、高校体育场馆战略联盟合作机制的构建、高校体育场馆联盟的风险分析和风险防范机制的构建。

目前，我国现有公共体育场地设施的不足严重影响了群众体育的发展，而高校体育场馆又存在着不同程度的闲置或浪费现象。国务院在《关于加快发展体育产业促进体育消费的若干意见》（2014年）中指出："创新体育场馆运营机制，积极推进场馆管理体制改革和运营机制创新，引入和运用现代企业制度，激发场馆活力。鼓励场馆运营管理实体通过品牌输出、管理输出、资本输出等形式实现规模化、专业化运营。"从国际高等教育的发展看，大学联盟是国际高等教育合作的一种重要特征和发展趋势。大学联盟既可以优化配置大学资源，避免大学之间对有限资源的过度竞争，又能够创造一种开放和相互激励的氛围，融合各大学的核心能力，形成聚合效应，从而提高联盟所有大学的整体实力。高校体育场馆联盟是以高校体育场馆为依托，旨在促进各校体育场馆的资源和信息共享，提高高校体育场馆的综合利用效率，促进各校师生、居民及社会团体参与到体育运动中，提升各校场馆的经营管理水平，降低场馆运营成本，增进高校体育场馆工作人员学习和服务的积极性，拓宽高校体育场馆的服务范围，进而实现高校体育场馆的社会效益和经济效益最大化，响应政府对全民健身开展的指导要求。

以高校体育场馆为依托，以高校体育场馆联盟的方式，对其资源进行重组融合，对实现体育场馆进一步对外开放和资源共享是大有裨益的。因此，笔者初步探讨了高校体育场馆联盟的构建过程，提出了高校体育场馆联盟的风险防范机制，为提高高校体育场馆的资源利用率提供参考。

一、高校体育场馆联盟的概念

高校体育场馆联盟是指两个或两个以上各高校体育场馆建设规划设计、运营管理使用、体育场馆研究机构等相关部门和机构，基于一定的目的，为了充分挖掘体育场馆资源价值，降低运营成本，弥补自身缺陷，通过某种协议方式，在不影响自身场馆独立运营的情况下自发结成联盟伙伴关系的组织。

二、高校体育场馆战略联盟的构建过程

（一）高校体育场馆自测

在构建高校体育场馆联盟前，首先要对高校体育场馆自身的资源和能力做一个全面的评估，了解高校体育场馆的核心竞争优势和劣势所在，所以，高校体育场馆需对自身进行 SWOT（Strength、Weakness、Opportunity、Tthreat）分析，评估自身的资源优势和短板。在准确审视高校体育场馆的资源和能力后，界定高校体育场馆的经营范围，判断是否通过联盟获取所需的资源和技术。总之，高校体育场馆必须不断地深化、挖掘自身的内部资源优势，从市场或联盟获取互补的资源和能力，提高体育场馆的核心竞争力。

（二）高校体育场馆联盟伙伴选择

高校体育场馆战略联盟伙伴的选择要根据"3C原则"：协作（Collaboration）、满意（Content）和抉择（Choice））。具体来说，首先要看各高校体育场馆战略目标是否具有相容性，其次看高校体育场馆是否具有资源和能力，最后看高校体育场馆能承诺、投入什么，文化上是否具有相容性。联盟高校体育场馆间的兼容性是联盟各方合作的前提。对于高校体育场馆来说，选择联盟伙伴时，要对潜在的联盟高校体育场馆的市场表现、资源进行充分的分析评价，并评估联盟双方在文化、价值观和经营理念等方面是否协同，进而选择能够提供互补型资源、充分发挥双方优势的联盟伙伴。既要考虑高校体育场馆与高校体育场馆之间的联盟，也要考虑高校体育场馆与体育器材和场馆设施维护企业之间的联盟，还要考虑整个高校体育场馆与体育场馆管理、市场开发等相关企业之间的联盟。

（三）高校体育场馆联盟价值链活动选择

总体而言，我国高校体育场馆所采用的战略联盟方式单一、联盟层次较低。我们应该更深入地学习、研究如何更有效地应用战略联盟来整合和构建高校体育场馆自身的价值链，以全面提高我国高校体育场馆的水平。在构建战略联盟价值链活动的选择中，高校体育场馆可以从两个方面进行分析，即横向战略联盟和纵向战略联盟。

1. 横向高校体育场馆战略联盟

建构普通高校体育场馆联盟体系，通过联盟形式，形成一定的场馆规模，一方面可以有效地组织和调动高校体育场馆资源，有利于形成集约化的管理。另一方面可以降低人力成本、管理成本、运营成本，进而达到高校体育场馆对社会开放所应有的社会效益和经济效益。由于目前我国高校体育场馆联盟尚处于探索实验阶段，因此有必要分步骤、分阶段实施。首先，要强化高校体育场馆联盟的理念和潜在的价值效应；其次，建构不同层面的高校体育场馆联盟，如大学城联盟、专项性联盟、地区性联盟等，以期逐步实现高校体育场馆联盟。

2. 纵向高校体育场馆战略联盟

（1）发展高校体育场馆产学研联盟。高校拥有大量的高知人才，积极组织联盟成员广泛开展科研合作、联合承接科研项目、学术交流活动等。同时加强与企业的合作，完成学术成果的转化。

（2）构建与体育器材生产、维护厂商的联盟。通过与体育器材生产及维护厂商签订契约合同，减少了合作厂商的更换频率，加强了联盟之间的信任，能减少谈判所需的交易成本。同时高校体育场馆拥有了专业的场馆、器材维护人员，可以延长体育设施的使用寿命，减少器材的损坏。

（3）构建与体育场馆管理公司的联盟。在建立高校体育场馆联盟的基础上，与具有法人资质的专业体育场馆管理公司进行联盟。由专业公司介入管理，借助其专业优势，如技能培训、资源配置、市场定位、商业运作等，改变高校体育场馆现有的运营模式，不断提升其社会服务水平。同时由专业公司统一管理，可有效地对体育场馆资源进行整合和优化；也可以避免因管理主体不明而造成相互不配合、互相推诿、责任难以认定等问题的发生。因此在确认由专业化公司统一管理后，作为联盟旗下的各高校，应给予其充分的信任，放手让他们全权管理和运作。由专业化公司统一管理，不仅可以使高校从场馆管理事务中解脱出来专注于教学和训练，还能提高其场馆管理水平和社会服务水平。

（四）高校体育场馆战略联盟合作机制的建立

合作机制的建立是组建战略联盟过程中的重要环节，直接关系到未来联盟各方合作的深度和广度，是战略联盟正常运行的保障。联盟合作机制是指联盟企业之间基于共同的战略目标，建立合作关系，对未来联盟的各项合作事宜加以界定，以保证各方互惠互利、协同共赢。高校体育场馆联盟合作机制的构建要考虑以下几点。

协同好各联盟高校体育场馆的观念，使联盟各方在联盟领域战略上达成一致。通过充分的讨论和磋商，全面评估未来联盟共同的战略利益预期，强化各方加入战略联盟的动因，使得各联盟企业主体能够充分体会到战略联盟的实施将是对每个联盟成员都有利的战略举措，以调动联盟主体共同参与战略联盟建设的积极性。

加强联盟高校体育场馆之间的相互交流、沟通和讨论，建立信任关系。联盟各方应该对各联盟成员之间的信息沟通方式、沟通时间和频率等加以约定，并明确联盟合作的内容和程度，并约定未来联盟的决策程序。

高校体育场馆应该适当吸纳企业的相关人员成立一个专门的战略联盟管理团队，协调控制战略联盟的运行，同时及时发现、讨论、分析和解决合作过程中出现的问题。

确立各联盟高校体育场馆在合作机制中的作用，即明确联盟高校体育场馆加入联盟所需要投入的资源，界定各方在联盟内部的分工，明确联盟各方在未来联盟内部相应的董事话语权，并制定相应的控制和问责机制。

在联盟高校体育场馆间加强以诚信为本、协同共赢的联盟文化建设。高校文化是联盟高校体育场馆普遍认可的精神理念和行为规范，通过强化联盟高校体育场馆的合作意识，将协同共赢、诚信合作的正能量高校体育场馆文化渗透到未来联盟运行的每一个环节，从根本上预防未来联盟合作过程中可能发生的冲突。当联盟内部所倡导的诚信合作原则为每个联盟高校体育场馆所普遍接受时，无疑会大大促进未来联盟的发展。

建立规范的管理信息系统。通过管理信息系统的信息规范化、数据处理程序规范化、责任明确化、数据共享、身份验证和访问控制等功能模块，解决高校体育场馆联盟中信息不对称、沟通不顺畅等问题，促进高校体育场馆联盟管理的规划化、高效性和灵活性，为高校体育场馆联盟的管理决策提供支持，从而保证战略联盟的顺利运行。

建立联盟高校体育场馆利润分配机制。高校体育场馆战略联盟利润分配机制的建立可以从以下几点思考：①根据合作过程中联盟高校体育场馆投入资源的种类、重要性进行利润分配。根据联盟各方投入的不同资源的特性和资源对联盟的重要性，对各联盟高校体育场馆投入资源的价值进行评估，根据高校体育场馆投入资源的价值在联盟资源价值中的占比进行相应的利润分配。②根据在合作过程中各联盟高校体育场馆付出努力的重要性及其对联盟产生贡献的大小进行利润分配。联盟高校体育场馆付出的努力越重要，合作契约中给予其利润的份额就越大；其对联盟产生的贡献越大，合作契约中给予其利润的份额就越大。③根据联盟高校体育场馆在合作过程中承担的风险大小进行相应的利润分配。联盟高校体育场馆承担的风险越大，其获得的利润份额就越高；反之，其承担的风险越小，获得的利润份额也越低。

（五）高校体育场馆联盟的风险分析及防范机制的建立

高校体育场馆联盟的风险是由联盟组织内外部环境的不确定性及复杂性所决定的。在实际运作中可分为组建阶段风险、运营阶段风险、解体阶段风险。其中最为重要的是运营阶段风险。

1.高校体育场馆联盟组建阶段风险分析。高校体育场馆联盟组建阶段风险主要包括政策风险（政府、学校）、市场风险、社会舆论风险等，主要来自联盟外部环境。因此在组建合作联盟的同时，一定要重视政策、市场及社会大众的舆论稳定性如何，权衡各项因素才是关键所在。除了这些还要考虑甄选什么样的合作伙伴，是否有着共同的合作目标，将采取何种方式及模式进行。

2.高校体育场馆联盟运营阶段风险分析。根据体育场馆的属性及功能，运营阶段风险将被划分为能力风险、信用风险、协作风险、投资风险等，主要来源于联盟组织内部。在高校场馆联盟运营期间，消费者的人身安全无疑将是最大的潜在风险，联盟组织内部管理协调处理能力的大小将直接关乎此类事件的影响力度。信用及协助风险主要表现在联盟的高校体育场馆要彼此将信息、技术及时分享，避免发生分歧而产生对立的局面。投资风险在于各联盟的高校体育场馆间的投资与回报不成比例、利润分配不均等现象。因此，在联盟运营阶段各高校体育场馆要彼此监督，相互交流与沟通，长期保持一致的发展目标，达成联盟体的稳定性。

3.高校体育场馆联盟解体阶段风险。高校体育场馆联盟在解体时要注意各联盟成员投入资源的独立性，知识产权的维护和联盟未分配利润的分配，做到公平有序、合理合法。

4.高校体育场馆联盟防范机制的建立。在风险防范方面，高校体育场馆在组建战略联盟时，应综合分析契约控制、股权控制和管理控制的联合使用。高校体育场馆可以利用风险核对表等控制工具，通过外部专业风险评估机构的调查和高校体育场馆的自我监控对各类风险指标进行全程跟踪和分析，准确预测出联盟内部可能发生的风险类别及可能带来的后果，从而做到有的放矢，防患于未然，避免不必要的损失。高校体育场馆可以从以下几个方面考虑来建立风险防范系统。

①对各类风险进行有效的识别，将识别的风险进行整理、归纳，综合分析各类风险的诱因及其可能带来的后果。②分类评估风险。首先应根据高校体育场馆联盟的具体情况，确定不同种类的风险可能对高校体育场馆联盟产生的影响程度，然后对不同种类的风险设立相应的评价指标和评价方法。③持续全面地收集风险信息。④结合高校体育场馆联盟的实际情况，根据确定的风险评估方法，对收集到的风险信息进行评估，并深入分析风险产生的原因、可能的变化趋势，预测其可能带来的后果。⑤对风险评估结果进行分析，找出可能的风险诱导源，提出适当的风险防范措施，并反馈给联盟高校体育场馆，并适时追踪，督促其执行，给出反馈报告。

综上所述，目前我国高校体育场馆仍以学校直接管理为主，社会服务有限、市场开拓不利、社会效益不佳。建立高校体育场馆联盟是提高体育场馆资源利用率和对外开放的一种大胆尝试，但还处于孕育和发展阶段，还需很长一段时间来发展完善。

第二节　高校体育场馆经济

高校体育场馆开展经营提供有偿服务，既是市场所需，又是自身可持续发展的需要。在目前的经营过程中，各高校体育场馆面临着一系列问题与困难。本节基于对高校体育场馆经济有偿服务效益与不利因素的把握，进行具体服务策略的探寻，以期向经营管理者提供一种新的管理思维。

社会主义市场经济的建立使高等教育改革日益深化，高校体育馆逐渐由以往单一与封闭的管理状态转变为面向社会成员开放并向其提供有偿服务的发展模式。高等院校怎样把握机遇，对体育工作进行进一步的改革，使高校体育走上内涵发展之路，最终实现办学效益的提高，已逐渐成为高校体育改革进程中的一项新课题。对这一课题开展研究工作，有利于将高校的优势发挥出来，对于潜力的挖掘、活力的启动、经济的创收、学校的发展、经费的增加有着重要的现实意义，并能够在一定程度上缓解社会体育场馆的不足，社会成员的需求得以满足，加速全面健身计划的实施。

一、高校体育场馆经济有偿服务的效益

高校体育场馆经济有偿服务是指为了解决社会体育场馆及服务短缺的矛盾，实现社会成员体育健身的需求，而采取的以对学校正常体育工作的满足为基础，结合并利用自身价值，负担部分体育经费，提供收费服务，对校内体育场馆进行社会化开放的对策。通过提供有偿服务，高校体育场馆能够创造出一定的经济与社会效益。

弥补高校体育费用的不足。目前，除了一些体育院校外，我国大部分高等院校均或多或少地存在着体育场地设施缺口、设施设备落后、资金不足等现象。在提供高校体育场馆经济有偿服务之时，不少高校的体育场馆所面临的经费不足问题亦十分显著。在这一背景下，若与体育场馆的现有条件相结合，进行一些新项目的开发，提供丰富且优质的有偿服务，可以在一定程度上增加高校收入，以此进行体育场馆设施的维修，或者添置一些新设备，吸引更多的社会体育爱好者进入校内体育场馆来消费，进而形成一种良

性循环，使经费不足的问题得以解决。

提高场馆利用率。我国很多高校的体育场馆都存在大量闲置的现象，降低了场馆设施的人均占有量，并且在使用的过程中，还会面临折旧与老化等问题。实际上，高校体育场馆大多都是由国家投入大量资金进行建设的，若不能对其进行充分与合理的利用，老化问题将会越来越严重，直至报废，这不得不说是国家现有资源的一种浪费。若是面向社会成员提供有偿服务，将能够在很大水平上提高场馆的使用率，保证人均占有量，进而实现对资源的节约，预防经济效益的流失。

满足大众健身需求。体育事业是一种公益性的事业，作为国有资产，高校体育场馆有责任面向社会成员开放。经济社会的迅猛发展提高了人们的物质生活水平与文化水平，人们对体育健身的需求也发展为一种常态。为了对大众需求予以满足，高校体育场馆有责任对先进的、现代的、新兴的体育娱乐项目进行开发与合理引进，以提供更具娱乐性、健康性与高雅性的体育健身场所，为社会成员提供服务。基于经济的全面发展，制定、补充与完善长期规划，最终将高校体育场馆发展与全面健身计划完美结合。

二、高校体育场馆经济有偿服务的不利因素

相关学者研究表明，我国目前完全采取有偿服务和完全不采取有偿服务的高校体育场馆数量都不多，大部分高等院校体育场馆都是面向社会成员提供部分有偿服务。现阶段，存在着一些对高校体育场馆有偿服务产生不利影响的因素，需引起校方与研究人员的重视。

地理位置导致效益好的场馆少。进入 21 世纪以来，我国很多高校开始扩招，并纷纷进行新校区的建设。虽然新校区的体育场馆有着丰富的资源与先进的设施设备，场地环境也好，但这些校区大多位于城市郊区位置，周围居民与企事业单位数量都不多，因而不容易产生良好的社会与经济效益。而老校区，大多位于市区位置，周围居民与企事业单位数量比较多，社会与经济效益的获得较之新校区而言容易得多。但是，老校区的体育场馆多是以原先扩招之前的学校规模作为参考的，因而场馆的数量并不多。虽然有着较好的效益，但是较少的服务显然无法满足社会成员的需要。

管理水平低，服务落后。提供经济有偿服务的高校体育场馆大都对其营业时间与收费方式予以表明，但是模糊化了服务消费者与学校的责任与义务。目前，我国各高校对社会开展经济有偿服务的管理水平与效率并不高，各行其是、一校一策的现象较为突出，管理制度少、可行性低，甚至部分体育场馆的收费标准与工商税收等的管理方法都没有实现真正的统一与规范。

思想保守，需要转变认识。高等院校如今已被划分为公益二类事业单位，部分资源可由市场进行配置。面向社会成员开放，共享资源原本就是一项开拓性与挑战性的工作，在我国，部分高校仍以传统与封闭的教育管理理念为指导，在对市场经济发展需要的适应上积极性并不高，向社会提供的公共服务也比较少，因而很难将体育场地资源的价值充分体现出来，社会效益不足。为了向社会提供更多、更优质的服务，为全面健身的实现贡献力量，高校体育场馆的管理者急需解放思想，打破传统观念，实现同社会的资源共享。

三、高校体育场馆经济有偿服务的策略

实现开放时间与收费标准的合理化。高校体育场馆由国家兴建，公益性极强，因此对外开放应以不影响学校正常使用为基础，制定切实可行的开放时间。另外，还要以校内体育场馆的性质为参考，在保障体育场馆原有功能的前提下，选择性地增加一些开放式服务项目，并保障国家法定假期与双休日同样有人员值班与指导。在面向社会成员有偿开放之时，要对晚上的时间予以合理延长，通过优质服务的提供与积极文化氛围的营造吸引社会体育爱好者。

提高管理能力。虽然我国大部分高校都程度不一地开展了有偿服务，但管理水平与效率大都不高，运行模式有待变革。提供有偿服务的高校体育场馆应从组织机构上提供保证，对专门的管理与开发人员进行配备。在具体的管理进程中，各管理者应对自身的职责予以明确，通过在馆内显著位置标贴，透明化、规范化各项管理制度。管理制度的制定需要对不同运动项目与参与人群特征进行充分的考虑。例如，球类馆年轻人居多，门球场老年人为主力；练习健美操的以女性为多，健身房则以男性为主；隔网运动项目

的安全系数比较高，游泳锻炼则需安排救生员等。

提高服务质量。各高校应以学校体育场馆的实际情况为依据，对校内体育专业优秀学生发出聘请函，赋予其体育指导员的责任，并进行多种练习讲座的开设。同时，还可以面向社会成员设置多种项目的培训班，如健身、游泳或羽毛球培训班等。寒暑假时间，还可以组织少儿夏令营、篮球比赛等活动。通过丰富多彩的夏令营与高水平比赛的积极举办与承办，吸引大量社会团体、个人与各级企事业单位进入校园，在丰富校园精神文化建设的同时奠定高校体育场馆在城市体育活动中的中心地位，使高校体育场馆及体育资源得到充分的利用，提高社会与经济效益。

加强宣传普及、引导消费。高校体育场馆应充分地认识到，仅仅以目标对象的口口相传以及对室内场馆资源的宣传为支撑，对适于开展经济有偿服务的稀缺性场馆而言是远远不够的。高校体育场馆各馆室应把握社会成员体育需求的热点内容，提供针对性的服务。例如，健美操馆可以开设减肥塑身班，跆拳道馆可以聘请校外专家，承办高水平社会比赛与等级考试等。此外，高校还可以进行体育场馆网站的制作，利用互联网的传播优势让更多的社会成员了解场馆设施、资源及所提供的服务，结合自身所需走进体育场馆，进而实现对消费的引导。

第三节　政府购买高校体育场馆公共服务

伴随着改革进程的不断加快，国家在高等教育方面的经费及人力投入开始不断地增加，这在一定程度上促使我国高校体育事业得到了突飞猛进的发展。在此过程中，以往单一化的高校体育馆管理模式早已无法达到现代化社会发展的基本需求。为此，创建系统完善的管理团队，树立起良好的社会形象，遵循经济发展的客观规律，对构建科学高效的高校体育场馆具有重要的意义。

现实层面上的高校体育场馆需要最大限度地利用现代化体育场馆的设备、场地等资源，在更好地达到学校师生竞赛、健身活动等现实需求的基础上，具备开发体育产业、发展体育活动的基本功能，根据各种行之有效的方法来实现最大化的社会经济效益，从而促使现代化体育场馆得到更好的发展，从而达到构建高效体育场馆设施建设的最终目的。对此，各高校体育场馆要运用现代化管理模式，促使其能够与现代化教育发展相吻合，以防止体育场馆设施建设向商业化的方向演变，进而促使学校及高校所在地区内的体育事业获得更好的发展。

一、高校体育场地和体育设施建设现有问题分析

在我国的广大城市当中，大多数的高校是比较集中的，但是在现代化城市土地用地非常紧张的现状下，致使高校发展用地存在很大的困扰，特别是随着高校占地面积的不断扩大，因高校所处地理位置促使其周边为被征用的土地。我国土地管理局相关资料显示：随着我国各大院校招生量的不断增加，体育场量需求与招生量出现明显的矛盾。这一矛盾产生的根本原因是高校在体育方面资金投入较低，特别是对体育场所建设资金的投入比较少，最近几年纵使我国在教育方面的投入力度不断加大，可是能够真正落到实处的资金大体上并未产生根本性的变化，体育场所建设资金大体上来自体育场所盈利、学校自有资金，对于体育场所建设过程中的长期性项目根本没有充分的资金作为基础保障。

二、高校体育场馆设施建设标准及要求

高校体育场馆设施建设工作的开展是为了推进学校体育教学能够得到有效性的具体实施，这是确保高校体育建设工作顺利开展的基础性因素，是促使"健康第一"指导思想的相关举措得到真正落实的关键，是高校体育教学条件建设的重要构成内容，是对学校办学质量进行检查、监督及做出科学评估的关键依据。为此，各大高校一定要对体育场馆设施建设工作加以特别重视，积极做好体育场馆各项工作，从而促使高校体育场馆建设得到强有力的基础性保障。

在我国《教育部办公厅关于印发〈普通高等学校体育场馆设施、器材配备目录〉的通知》（2004）中将体育场馆设施配备目标划分为基础配备类和发展配备类，其中基础配备类又划分为必配类和选配类。必配类是按照高校体育教学与实施的课外体育活动的相关要求，对学校的具体规模、发展状况做出明确的界定，各高校一定要严格遵循相关要求

来进行配备;选配类是以高校的基本发展现状为基础,根据体育教学内容做出的具体划分,一般情况下,高校体育场馆设施建设配备是必配类与选配类的有效结合。发展配备类指的是按照高校的办学目标来给出明确的界定,以促使学校教学条件日益完善化,以促使学校体育场馆设备及相关条件更好地达到现代学生对体育锻炼的现实需求,从而促使高校体育场馆建设水平得到全方位的提高。

为此,高校体育场馆设施建设要将高起点、高标准、高要求作为中心,有效利用现代化科学技术带来的巨大成果,从而促使体育场馆建设能够与新时代新需求相吻合。

(一)选择性和发展性

根据各大高校的发展状况,从基础配备类的角度出发,一般由学校根据广大在校学生的具体情况,结合学校当前的各方面资源状况来选择体育场馆设施。通常,室内场地包括:健美操房、跆拳道室、乒乓球房、羽毛球房等。无论做出怎样的选择与安排,高校体育场馆设施建设都需要以学校全面发展教育工作的开展为前提,这样才能达到高校体育教育的基础性目标。站在项目的角度进行分析,室外场地设备的发展可拓展至滑雪场、轮滑、体操、散打、野外活动、攀岩场、棒球场、民族传统体育活动区域等;室内场地设施可包含手球场、拳击、形体场地、壁球、固定学生体质健康检测区域等。

(二)全面性与实用性

站在体育场馆配备类的层面来看,伴随着高校整体实力的提高,室外场地设施在资源配置上可进行一定程度的增加。对此,可对高校室内场地设备构建标准与使用性能做出明确的界定,同时安排专门为在校学生体检的检查部门。站在体育场馆发展配备类的层面来看,都可以遵循以往学校的规模来提高设备建设标准。室外场地设施配置主要表现在实际面积、环保与实用性方面;而室内场地设施的配置主要表现在质量与性能方面。在广大高校体育场馆设施建设标准构建中,一馆多用是基本工作的重点。全面性、实用性是高校体育场馆设施建设标准构建的显著特征,可以说,全面性与实用性是共同存在、相辅相成的。高校体育场馆设施构建过程中需要根据各地区的整体水平来做出科学合理的权衡,因目前各地区经济发展水平存在极大的差异性,对此,学校在制定体育场馆设施建设标准上存在明显的不同。为此各地区要坚持因地制宜的基本准则,做好高校体育场馆设施建设工作。

（三）配备齐全，数目繁多

站在宏观的角度进行分析，体育器材设备的配置呈现出显著的全面系统性和实用性；站在微观的角度进行分析，涉及48种体育项目，平均每一类体育项目都需要配置相关的标准要求，可以说配置类别比较多，是较为完善的。

第四节　高校体育场馆社会服务

随着人民对身体素质要求的不断提高，人们对体育锻炼场馆的需求也在大幅度提高。虽然国家通过多条渠道来丰富人民的健身场所，但是整体数量上可供人民健身的体育场馆依然偏少，这就迫切需要开放高等院校的体育场馆，高校本身具有服务社会的重要职能。通过分析高校体育场馆开放的背景，认为高校开放体育场馆能够不断丰富社会服务的路径、体现高校体育场馆的公共性、提高使用效率，但是高校的体育场馆开放程度还不够、对应管理不到位等问题都束缚了社会服务性的发挥，因此提出了基于社会服务视角的高校体育场馆开放策略。

从1952年以来，历届领导人都提出要鼓励全民健身、倡导健康中国的战略，不断提出大力发展体育运动的指导方针、印发体育产业发展意见、制定相关发展规划，来提升全民身体素质。在硬件配套上，为带动全民的健康热潮，社区、体育产业服务公司、高校都为居民配备了健身器材，不断修建体育场馆，尤其是在2008年北京奥运会成功举办之后，全国各地掀起了全民健身的热潮。截至2022年年底，体育场馆以每年近10%的速度在增长。在我国的体育场馆中，高校体育场馆占了近7成的比例，如何发挥高校体育场馆的作用，提高体育场馆的使用效率，更好地发挥社会服务功能，让市民和学生交叉使用高校体育场馆，成了当前急需解决的问题。

一、高校体育场馆开放的社会服务意义

社会服务是管理部门提供社会需求的活动，是履行政府公共职能的重要指标，在完

成提供全民健身场馆的社会服务中，开放高校体育场馆具有重要的意义，具体表现如下。

（一）丰富体育设施社会服务路径

高校体育场馆作为重要的健身资源，在实施开放策略以后，能够不断丰富社会服务的路径。首先是丰富无偿社会服务路径。高校体育场馆通常具有容量大、容易普及等特点，如高校的篮球场、足球场、网球场等，这些场馆能够为市民提供免费的健身场所，并且市民到高校体育场馆参与体育锻炼，能够遇到高校的体育专业人才，这些人能够为市民提供免费的健身指导。另外高校体育场馆可为公司、企业、社区等举办体育活动提供免费场地，满足大型体育活动场地需求。其次是丰富有偿社会服务路径，在人民可支配收入越来越高的当前，更多人自愿将钱消费到健身上，因此高校体育场馆以收费的形式，能够为大众提供专业的健身场所，如高校的游泳馆、羽毛球场、健身房等；也可通过筹办体育培训班的形式，为市民提供体育锻炼指导和培训，提高大众健身的质量。高校体育场馆可充分利用寒暑假的学生放假时间，举办夏令营、商业展销、文艺演出，承办体育赛事、租借体育器材、筹办俱乐部，来不断丰富高校体育场馆的社会服务能力。

（二）能够发挥高校体育场馆的公益性和提高利用率

高校的体育场馆种类丰富、容量大，高校体育专业人才聚集，将高校体育场馆向公众开放，是能够体现体育场馆公共性基本原则的，将带动高校体育场馆的传统教学向社会服务转变，为提高全民身体素质发挥作用。另外，高校能够通过数量庞大的学生群体带动市民健身的热潮，为全民健身营造积极的氛围。再加上高校的办学规模越来越大，很多高校都设立了新校区，新校区、老校区都配备了专业的体育场馆，高校在体育场馆建设上的投入非常大，要让更多的市民到高校体育场馆中参与锻炼，才能发挥其最大效用。并且高校学生每年都有寒暑假两个假期，假期内很多学生都选择回家、外出，留校的学生很少，这时候高校体育场馆就闲置下来，如果不向公众开放，那体育场馆的资源利用率就很低。

二、我国高校体育场馆开放现状

各级管理部门已经意识到了实施高校体育场馆的开放策略，提高体育场馆的使用效率，为更多的社会大众提供体育锻炼场所，高校也积极参与，加强管理，并取得了体育场馆开放的一些成效。

（一）积极汲取国外先进经验

目前很多国家在开放高校体育场馆上取得了先进经验，通过不断让高校体育场馆资源向公众开放，成功地带动了全民健身。总的来看，其他国家开放高校体育场馆的策略多为制定相关法律，通过法律的保障来开放高校体育资源。比如韩国，在其《国民体育振兴法》（2019）年中就明确提出，学校和大型企业的体育设施，需要被国民所利用；又如日本提出，要让全国体育运动得到发展，就需要让学校体育场馆为一般的民众体育运动所用。我国在积极汲取世界各国先进经验的基础上，在不违背第十三届全国人民代表大会常务委员会第三十五次会议修订《中华人民共和国体育法》（2022年）中对学校体育设施的用途规范的前提下，制定了全民健身的实施纲要，提出通过更好地使用高校体育场馆来提升全民身体素质。

（二）积极推广运营

一些高校积极响应国家政策号召，积极推广体育场馆的开放策略。在开放场馆方面，以开放主要场馆为主，如开放篮球场、田径场等，让社会体育设施较为匮乏的标准运动场地的紧张供给得到满足，满足社会对大型体育团体运动场地的需求；在开放时间的制定方面，为了更好地提高高校体育场馆的利用效率，保证学生的使用时间，高校开放体育场馆都选择在节假日或寒暑假期间，以及晚上等；在选择高校体育场馆开放的对象方面，为保证校园的安全，学校会建立一定的甄别制度，让团体、校外单位更好地进入体育场馆中，但是也不禁止个体居民来参与锻炼；在选择开放形式上，高校进行了多条途径的探索，实施了有偿、无偿、限时有偿等开放形式，来调节进入体育场馆的人员数量。

三、高校体育场馆开放面临的困境

虽然国家已经明确规定，要逐步开放公共体育设施，给更多的群众进行体育锻炼提供便利，但是在政策实施多年后，仍然面临众多的困境。

（一）高校参与积极性不高

在高校体育场馆开放的实施中，各高校参与的积极性不高是目前的主要困境之一。据相关机构统计，高校对开放体育场馆持积极态度的仅占 30% 左右，近 7 成的高校持消极态度，还没有采取相应策略来推进高校体育场馆的开放。一些学校认为，开放体育场馆获得的收益达不到付出的成本，尤其是在保障学生的安全、保证市民的运动安全等方面，没有明确的责任划分标准，缺乏管理规范，让学校不愿意开放体育场馆。另外，家长考虑到子女的安全问题，也不愿意高校开放体育场馆；再加上第三方的体育场馆管理缺乏，会增加高校体育场馆的管理成本，学校管理的潜在风险较大，以至于高校对开放体育场馆持观望态度。

（二）体育场馆管理难度大

我国近 2/3 的体育场馆都聚集到各大地方高校，为提供更多的社会公众参与体育锻炼的场所，开放高校体育场馆成了重要的一步，在已经实施体育场馆开放的高校中，对体育场馆的管理存在很大的问题，这成为阻碍推进高校体育场馆开放的重大困境。具体表现为：一是高校的体育场馆管理模式创新力度不够，很多高校还是采用传统的管理方法，来管理开放后的体育场馆，将无法给参与体育锻炼的人提供高质量的服务，再加上体育场馆管理的权责划分不明确，具体管理体育场馆的工作人员不认真履行管理职能，以致给学校带来很多的难题。二是在开放形式上较为单一，能够向公众开放的体育场馆较少，提供的附加服务也很少，专业健身指导严重不足。三是很多高校无法把控体育场馆的开放程度，以致开放体育场馆存在两个极端，一些学校的开放程度很低，远不能满足公众的需求，一些学校开放程度过高，给学校的安全、管理带来了极大的隐患。

四、高校体育场馆开放策略

积极应对高校在实施正确的体育场馆开放策略过程中面临的困境和难题，为公众提供参与体育锻炼的场所和提供社会服务，需要采取以下策略。

（一）提高高校开放体育场馆的积极性策略

高校是促进体育场馆开放的关键，需要采取积极的应对策略：一是各地方教育管理部门，要制定相关的体育场馆开放管理办法，给高校实施体育场馆开放策略更多的指导和支持。二是以更多的鼓励政策来带动高校开放体育场馆，如提供高校体育场馆管理的经费，来减轻高校体育场馆管理的负担，让一些经费不足的地方高校免去后顾之忧，能够主动地将体育场馆开放。三是要建立公众进入高校体育场馆运动的准入制度，通过事先核实公众身份信息，向公众发放健身卡的形式，提前对民众在公众安全方面进行审核，降低学校的安全隐患，减少安全责任事故的发生。四是要让高校对现有体育场馆进行定期的维修和检查，让体育器材、场馆设施的安全性得到保障，避免公众遭遇不必要的人身安全事故。

（二）加强高校体育场馆管理

高校加强对体育场馆的管理是保证提供更高质量的公共服务的根本，因此针对目前一些高校开放体育场馆所面临的管理问题，继续进行管理方式的创新，改革管理模式，提供更加多样化的服务。首先，各地方高校需要进行前期的调研，把握公众对高校开放体育场馆的实际需求，包括体育场馆的种类、开放时间、开放形式等，并预测可能到校体育场馆参与锻炼的人数，根据这些前期搜集的资料来调整当前的体育场馆管理模式，要保证学生的体育锻炼不耽误，可以引进更为高效的体育场馆管理模式，如承包制，让承包者来承担整个体育场馆的管理，减少高校的管理负担。其次是要不断创新体育场馆开放的形式，提供市民更多的体育服务，尤其是在指导市民的正确健身方面，需要积极制订培训计划，聘用具有专业知识的人员到体育场馆指导市民健身，也可让志愿者来完成此项工作，减少高校体育场馆的运行成本。再次是创新高校体育场馆的用途，让体育场馆既满足锻炼的常规需求，又能提高利用效率。最后是要引进更多的专业管理团队，实行体育场馆的企业化、品牌化管理策略，扩大宣传，吸引更多的人来参与体育锻炼。

第五节　高校体育场馆供给结构规制

高校体育场馆供给质量和数量问题是优化高校体育场馆发展的关键。该研究运用文献资料、逻辑推理等研究方法，对高校体育场馆供给结构的规制进行了研究。研究得出：高校体育场馆供给结构的内涵主要包括体育场馆质的规定性与量的规定性的统一，供给结构体现了结构的稳定性。体育场馆质量管理缺少规范性以及数量供给不足是高校体育场馆结构面临的主要问题。可以从提升高校体育场馆质量管理水平，增加紧缺场馆数量供给两个方面对我国高校体育场馆的供给结构加以规制。

2014 年，《国务院关于加快发展体育产业促进体育消费的若干意见》颁布，全民健身和体育产业上升为国家战略，这对我国体育事业的发展具有重要意义。体育场馆设施是体育事业健康、持续发展的基本物质保障。但反观现实，居民不断增长的体育需求与体育场地设施相对不足的矛盾成为我国全民健身事业发展的现实困境。在资源不足的情况下，我国现有的体育场地资源并没有充分发挥其效用，学校体育设施闲置与缺少并存的现象普遍存在。如果这一现象持续下去，不仅难以提高体育设施的使用效率，还会造成大量重复建设。以往研究从管理方式、体制以及人员配备等多个方面进行了探析。除这些原因外，高校体育场馆的质量、数量及类型也在一定程度上制约着其发展。本节利用公共产品相关理论，对高校体育场馆的供给结构进行研究，以期提高高校体育场馆与社会共享的效率。

一、高校体育场馆供给结构的内涵解读

供给结构是公共物品研究中的重要概念，体现了公共产品质和量的规定性的统一。从这一概念出发，物品的供给质量和数量共同决定了供给的结构，进一步可以推导出供给结构是在供给物品的总规模中，不同类型物品的供给状况和地位关系。高校体育场馆包含了体育场、训练馆、足球场等不同类型场地且数量也有所差别。因此，可以从以下几个方面对高校体育场馆的供给结构内涵加以解释。

第一，高校体育场馆供给结构体现了体育场馆质与量的规定性的统一。高校体育场馆质的规定性是高校体育场馆的基本特征，比如不同阶段高校体育场馆的类型以及哪种类型场馆优先供给等。高校体育场馆量的规定性体现了公共物品构成类别之间的比例关系，即不同类型场馆在总供给规模中所占的比例。体育场馆供给的质量与数量共同形成了高校体育场馆的供给结构，两者是协调统一的。

第二，高校体育场馆供给结构体现了结构的稳定性。在一定的经济发展阶段或在一

定的时期内，高校体育场馆的供给结构是相对稳定的。比如，广州大学城高校体育场馆，借助广州亚运会的举办，供给数量在短时间内发生了变化，导致供给结构的变化，但在亚运会结束后，供给结构进入了相对稳定期。

二、高校体育场馆供给结构存在的问题分析

（一）体育场馆设施质量管理缺乏规范性

随着校园"毒"跑道现象在多个地区频频发生，学校体育场地建设标准及安全问题成为社会关注的焦点。高校体育场馆质量管理的本质是优化有限体育场馆资源的时空配置，从而为师生、为居民提供优质的健康、舒适、安全的体育锻炼环境。但现实中高校体育场馆的质量管理无论是在建设初期还是在后期使用维护上都存在规范性不足的问题。在建设质量管理方面，高校体育场馆因用途的多样化导致在建设过程中遵循的标准不同，比如用于举办大型体育赛事的高校体育场馆标准，明显高于一般场馆的建设标准。在场馆设施的维护方面，目前国家层面并没有关于体育场馆维护、维修的统一标准，很多高校因维修资金的缺乏等原因对体育场馆的维护不到位，导致场馆设施质量出现问题，造成运动安全事故。

（二）体育场馆供给数量相对不足

高校体育场馆供给数量是完成高校体育教学任务的基本保障，也是学生体育教学权利实现的基本保障。实际观察中学生因场地设施不足而不能进行体育活动的现象或等待体育场地闲置的情况也较为普遍。所以，无论是从整体上分析高等院校体育场馆整体占有数量还是从学生可使用的体育场馆设施来看，我国高校的体育场馆供给数量还有很大的上升空间。

三、高校体育场馆供给的规制策略

（一）提高体育场馆质量管理水平，减少运动伤害事故

高校体育场馆的质量问题是保证学生身体安全和运动安全的最基本要求，同时也决定了高校体育场馆的使用寿命。因此，供给质量体现了学校体育场馆供给结构的基本特征。从实际情况来看，当前提高体育场馆的质量管理水平可以从建设和维护两个层面

加以推进。

在建设质量层面，国家应根据高校学生的身心特点、大型建筑内在要求以及体育场地设施特点，出台统一的国家标准，对建筑所使用的材料是否达标，以及有害气体的控制等方面进行严格规范。在场馆维护层面，国家应该增加相关政策的供给力度，如资金方面，除国家层面的拨款外，应提倡学校利用高校体育场馆的资源优势增加创收，用于场馆的定期维护和维修。同时，在维护维修的周期、标准等方面进行规定，从而降低运动安全事故发生的概率。

（二）增加紧缺体育场馆供给数量，提高人均场地面积

高校体育场馆的基本功能是完成学校正常的体育教学、训练及比赛任务，在此基础之上与社会共享。无论是用于学校学生的体育教学还是向社会开放，都对体育场馆的数量提出了要求。但供给数量的增加并不是简单的数字变化，而更应该从学校需求、社会需求的角度有目的地进行增加。

首先，以高校体育课程的需求为导向增加场馆设施数量。高校性质以及办学定位的不同使得学校对于体育课程的诉求不同，比如一些职业院校开展户外拓展课程，就应该增加相应的场地数量才能保障课程质量。其次，以学生课外体育活动需求为导向。调查中发现学校体育场地设施中使用频率最高的是篮球场、羽毛球场等，这些场地设施在一定程度上存在供给数量不足的现象，但是一些大型体育馆却很少对学生开放。因此，应该从学生需求角度出发增加使用频率高的体育场馆设施。最后，以方便社会共享为导向。居民体育生活方式与学校体育教育的开展有所差别，但高校体育场馆又要承担一定的体育公共服务任务。因此，应该在深入分析学校体育教学需求、学生体育活动需求以及居民体育活动需求的基础上，调整不同类型体育场馆的供给数量。

高校体育场馆是我国体育场馆设施资源的重要组成部分。在高校体育教学发展和国家全面推进全民健身战略的时代背景下，从供给结构的角度研究高校体育场馆的质量和数量，对高校体育场馆在实际供给中的质量和数量加以规制，有利于优化我国高校体育场馆的资源配置，充分发挥高校体育场馆资源的效用，促进高校体育场馆设施健康可持续发展。

第六节　高校体育场馆市场化方法

高校体育场馆市场化运营是发展趋势，也是我国相关的法律性文件与政策所支持的。因此，进行市场化运营需要相应的方法与理论探析，对经营模式、运营模式、管理方法等提供科学的理论支撑。

一、高校体育场馆市场化经营的必要性

（一）是符合现代我国市场经济发展的需要

随着我国改革程度的进一步加深，市场经济几乎渗透到我国的各行各业。高校的体育场馆大部分属于国有资产，政府每年都要对体育场馆以及设备的维修、管理投入相当数量的经费。随着教育的改革，我国的高校也要适应市场经济的发展，高校独立发展、自主经营将是我国高校的发展趋势，所以，高校体育场馆的管理也要打破过去计划经济时期的管理模式，适应新时期市场经济的发展需要。

（二）是健身市场的需要

随着我国体育人口的逐渐增加，体育场地成为制约我国群众体育发展的主要因素。尽管近年来我国高校体育场馆从封闭到对外开放的程度在逐步加大，但是相比庞大的健身人群需求还要进一步加大开放程度与力度。

（三）是国家政策的要求

在《国家体委关于深化改革加快发展县级体育事业的意见》（1996年）中指出，要提倡和引导群众进行自我健康投资，吸引和鼓励体育健身消费。要充分发挥社会各方面的积极作用，逐步形成政府拨款、单位投入、社会筹集和个人投资相结合的，多渠道、多层次、多形式的全民健身资金投入体系。这就要求高校体育场馆可以此为契机，从场馆的建设、运营、设施的配备、场馆的管理等方面进行市场化的进程。一方面增强了高校自身的自主权，提高经营效率与效益。另一方面确保了国有资产的保值与增值，保护了国有资产。

二、高校体育场馆市场化运作方法

（一）建立场馆经营模式

我国已经有许多高校的体育场馆在市场化经营中走企业经营模式。目前高校体育场馆有"专一化＋单一化""差异化＋单一化""单一化＋多元化""差异化＋多元化"四种经营模式，而且多数处在经营模式的初步阶段，存在经营上的粗放状态。因此高校要根据自身的具体情况建立相应的经营模式。第一，要明确场馆对外开放的消费者，确定消费者主体的特征以及体育消费行为与消费心理特征。第二，对体育场馆的评估。对场馆场地的质量与标准、容纳量、地理位置与环境、提供体育项目、设施的配备与质量、可改造程度等方面进行全面的评估，以制订科学合理的规划设计与经营计划。第三，对场馆市场化经营的制约因素的统筹。目前制约我国高校进行市场化经营的因素主要有学校相关领导的建议、场馆的资金来源、场馆的产权、场馆本校教学与训练、开放时间等因素。

（二）场馆组织结构的建设

①建立主管部门。它负责场馆一切事务的计划与安排，并对场馆的经营直接进行决策，包括对服务人员的管理、培训、定价标准、开放程度、场馆项目的设置、场地的改进、资金的安排等。②建立场馆收费部门。它负责对健身人员的收费以及场馆场地的安排工作。③建立营销部门。它负责场馆项目的推广与宣传工作，利用现代科学技术对场馆进行包装，不仅是页面的宣传广告，还包括互联网的页面广告；此外，还要还要进行关系营销。对资金短缺的场馆在经营初期可减少功能部门的建设，加宽管理人员的控制跨度，尽量减少成本。要注重自己项目的服务指导工作与销售，对于一些体育项目教练的水平影响项目的收益。随着市场的成熟，其他部门也会逐步确立，如财务部门、后勤维修部门、人力资源部门等。

（三）场馆管理模式的建立

①直接管理模式。目前，许多高校的管理模式停留在直接管理模式上，在市场化的初期，由于场馆的市场业务还没有那么广泛，因此经营者可以采取这样的管理模式。这

样有利于经营者调动优势场馆资源进行经营，提高管理的效率。②制度管理模式。随着健身人群的增多，对运动项目的需求量增大，那么可采取制度管理模式。通过建立相关的管理制度，明确各部门、工作人员的工作职责，促使工作人员以及健身锻炼者能够遵从制度的要求。在工作人员制度的管理上要具有创新性，激发工作人员的热情与创造力。制度建设要有创新性。如有的场馆将工作薪资设为"底薪＋提成"的模式，有的则是责任底薪等方式盘活了工作人员的热情，发挥员工的潜能。价格制度，多数场馆经营中在收费方面较合理，采取差别收费。场馆的管理模式具有阶段性，管理人员要根据场馆的经营情况安排切合实际制度。

（四）拓展经营方式

目前，学校开放体育场馆的经营方式基本上有五种，即本部门直接经营、个人承包经营、集体承包经营、租赁经营和联营，并且存在几种经营方式的混合。在这几种方式中，承包经营营利较多。鼓励场馆负责人要根据场馆的自身条件与周边经济状况拓宽自己的经营方式，如可以在学校主管部门领导下由物业进行经营，这样既照顾到学校的使用权利又兼顾了物业的营利需要。

（五）拓展经营范围

场馆与当地的体育协会联系，定期举办当地协会组织的体育竞赛、培训。成立属于场馆的运动队，参加当地举办的竞赛，一方面展示场馆师资力量，另一方面展示场馆培训水平。举办校园的文化娱乐活动，如进行当地的学校歌唱比赛、演讲比赛等。

国家鼓励高校体育场馆对外开放仅仅是一个开始，市场化经营是符合社会主义市场经济发展趋势的。高校要转变思想，统筹规划，改革场馆的管理方法，挖掘场馆资源的潜力，减轻高校的经济压力。

第七节 高校体育场馆社会共享

如何充分发挥高校体育场馆的社会功能，已成为供给侧改革背景下的重要课题。本节将分析制约高校体育场馆社会共享的因素，提出体育领域供给侧改革的客观要求，提出供给侧改革背景下高校体育场馆社会共享模式。具体共享模式包括行政手段介入的政府主导型模式、学校专门管理的自主经营型模式、专业承包公司的承包租赁型模式、社会机构负责的托管协会型模式、面向专业群体的体育俱乐部模式。本节研究成果，为高校体育场馆社会共享提供指导，为全民健身提供路径选择，使广大群众充分享受到供给侧改革的成果。

供给侧改革，是从提高供给质量出发，用改革的办法推进结构调整，提高供给结构对需求变化的适应性和灵活性，更好地满足人民群众的要求，促进经济社会持续健康发展。我国群众体育场馆设施相对缺乏，需求与供给之间存在巨大差距，供给侧改革为高校体育场馆对外开放提供了新思路。高校体育场馆是为满足高校教学、训练、科研、竞赛和课外体育活动而专门修建的体育设施，在满足高校正常体育活动的基础上，为缓解社会体育场馆短缺的矛盾，以有偿或无偿的形式，向周围社区群众和企事业单位开放，这既解决了体育场馆供需失衡的矛盾，又解决了高校体育场馆设施维护资金不足的问题，符合供给侧改革的客观要求。美国、法国和日本等发达国家都明确提出了大力开放学校体育场馆设施的举措，取得了良好效益，并且形成了较为成熟的管理模式，为我国高校体育场馆社会共享提供了可借鉴的经验。本节在保证高校体育活动正常秩序的前提下，加大高校体育场馆社会共享力度，提高高校体育场馆的利用率和管理水平，并为高校体育场馆资源的科学利用提供理论基础。

一、城市化进程中的体育资源供给分析

城市化发展伴随着人类物质文明和精神文明的发展，都市圈、城市群、城市带和中心城市的发展预示着中国城市化进程的高速起飞。体育作为一种城市公共文化形式和城市生活方式，在城市化进程中理应得到更多的关注，但以广场舞"噪声扰民"和"争抢场地"事件为代表引发的冲突，暴露出体育资源供给存在的结构性问题，现从以下三个方面进行简要论述。

1.城市化导致公共体育资源供给数量不足。人口规模是公共体育资源配置的主要依据，人口规模越大，公共体育场地设施的数量和规模要求越多。国土资源部发布的《城

市公共体育场馆用地控制指标》(2017年),提高了城市建设中体育场地设施的规模数量。但由于人口基数大,人均占有的体育资源并未得到明显提升,尤其是中东部地区的一些大城市,常住人口高速增长,出现了不增反降的情况。

2.人口结构变化引发公共体育资源供需错位。受计划生育政策影响和生育观念的转变,我国现阶段人口出生数量不断下降,人口结构发生了较大变化,老龄化将成为中国各大城市遇到的重要问题。老年人有更多的空闲时间从事体育锻炼,但健身方式多样化、健身器材科技化和健身场所高端化,更多的是满足年轻人快节奏的生活,不能满足老年人的健身需求。

3.城市布局造成公共体育资源结构性短缺。公共体育资源的配置必须要有相应的服务半径,才能使居民方便享受到公共服务。很多大城市为举办大型体育运动会,政府投资修建了大量的体育场馆,但受城市土地价格以及空间限制的影响,这些场馆大部分修建在郊区,导致利用率下降。社会投资修建的健身场馆虽然分布在居民区附近,但收费较高、功能单一,主要面向年轻人群体。

二、制约高校体育场馆社会共享的因素分析

体育场馆设施固有条件是影响对外开放的主要因素,包括规模、数量、质量和设施等。高校体育场馆社会共享程度与高校自身条件、地理位置和办校特色存在相关关系。很多文献将制约因素归纳为硬环境和软环境两个方面,本节将制约因素归纳为以下四个方面。

1.落后的观念意识和传统的封闭思想。受传统思想影响,很多高校领导管理思想保守,对高校体育场馆承担的社会功能重视不够,缺乏市场意识,认为高校体育场馆就是为满足自身需要而修建的,高校有足够的资金维护体育场馆运行,社会共享所获取的资金微不足道。

2.缺乏专业的经营管理人才影响经济效益。高水平的经营管理人才是高校体育场馆社会共享的前提和基础。目前高校体育场馆的管理人员大多数是后勤人员或临时外聘人员,他们的工作内容主要是日常看护、维修和收费,没有现代化的经营理念,更谈不上改革和创新。

3. 缺乏专职的体育指导员制约服务水平。有些体育活动要求很高的技能和技巧，需要体育指导员的专业指导。很多人从事体育锻炼，也希望得到高水平的技术指导。高校虽然有很多体育老师，但主要从事教育与科研工作，并不参与社会体育指导，体育场馆社会共享似乎与他们无关。

4. 经营管理体制以及社会共享模式单一。高校体育场馆开放时间不能与学生正常上课时间发生冲突，社会利用率较低。在共享方式上也只是部分开放，有些采用租赁经营方式，大多数还是由体育教学单位或后勤部门负责管理，仅仅是制定了一些收费标准，缺乏完善的规章制度。

三、体育领域供给侧改革的客观要求

以"健康中国2030"战略为引领，整合体育资源，促进体育需求和消费不断增长，本节将体育领域供给侧改革的客观要求归纳为如下三个方面。

1. 优化体育结构增加有效供给。增加体育基础设施供给，补总量短板；增加体育赛事供给，提高赛事组织技术和管理水平；推动公共体育服务供给，增加特色体育需求供给，促进全民健身与全民健康的深度融合；丰富大众体育生活，满足不同消费者的多样化需求。

2. 创新体制机制盘活体育资源。创新运动队培养体制，促进体育高端人才有序流动；创新体育场馆运营体制，推动体育场馆所有权与经营权分离，降低使用成本；建设体育公共服务平台，实现线上线下有效对接；推动体育场馆功能升级，推动体育场馆综合功能的创新开发。

3. 强化政策引导做强体育市场。建立产业引导基金，做强体育金融市场，引导社会资金积极投入；优先培育体育高新技术企业，做强大众体育产业市场，打造高端智能体育装备基地；积极引导大众建立体育健康生活方式，做强体育消费市场，不断提高大众运动科学化水平。

四、供给侧改革背景下高校体育场馆社会共享模式

以供给侧改革为契机，以促进供需均衡发展为目标，依据高校体育场馆社会共享的

制约因素，针对高校体育场馆社会共享过程中存在的问题，结合体育产业供给侧改革的客观要求，本节提出的高校体育场馆社会共享模式如下。

1. 行政手段介入的政府主导型模式。针对很多高校办学经费非常充足，体育场馆共享获取的经济收入微不足道，缺乏体育场馆社会共享积极性的现状，政府有必要采取行政介入手段，发挥政府在资源共享过程中的引领作用，实现与高校的良性互动和合作共赢，明确国家投入的体育资源并不为高校所独享，具有为人民大众服务的义务。

2. 学校专门管理的自主经营型模式。改变过去由后勤部门或体育教学部门管理的状况，组建专门的具有市场化经营理念和体育场馆管理经验的团队，依据规章制度自主经营。这种模式的优点是熟悉体育场馆设施情况，便于检查和维护，能够在保证教学需要的前提下充分实现社会功能；缺点是经营管理团队难以组建，管理不到位容易出现事故。

3. 委托第三方机构的承包租赁型模式。让专业的人做专业的事，学校负责提供场馆和设施，引入第三方机构负责运营，这样既发挥了第三方的经营管理优势，又解决了学校的管理难题。但在实际运行过程中要重视两个问题：一是明确双方的权利义务关系，尤其是对安全事故的处置，二是充分保证教学需要以及本校师生的需要。

4. 社会机构负责的托管协会型模式。在不改变体育场馆产权性质和功能的前提下，按照合同委托给托管协会进行管理的行为。通常的托管协会是一些为达到共同目标自愿组织起来的同行，不以追求经济效益为目的。把体育场馆委托给托管协会，既解决了学校经营管理的难题，又可以最大限度地利用场馆资源，产生更大的社会公共效应。

5. 面向专业群体的体育俱乐部模式。采用这种模式的优点是经营管理方式简单，可以充分利用高校体育教师资源提供专业化指导，能够提高体育俱乐部成员的运动技术水平，避免了在财务收费问题上的政策瓶颈；但缺点是使用群体相对较少，场馆闲置时间较多，社会共享功能并未得到充分实现。因此，这种模式比较适用于专业化程度较高、群众普及率不高的体育项目场馆设施。

第三章　高校体育场馆设施建设与管理现状

第一节　高校体育场馆设施建设

一、体育场馆的定义与属性

体育场馆指的是供大众开展体育活动的场地，其目的是更好地引导和鼓励大众积极开展体育锻炼。体育场馆既是在传统的室外体育场和室内体育馆基础上的进一步发展和完善，又是集身体锻炼、大型比赛、客场观赏于一体的多元化有机结合。此外，体育场馆内除了设有诸如羽毛球场地、乒乓球场地、足球场地、游泳场地等各项集体运动场地之外，还为热爱体育健身活动的人群提供专门的娱乐活动场地，以满足普通大众的休闲、娱乐和锻炼需求。

随着社会的不断发展，人民大众的需求不断增多，体育场馆不再是单一的运动场地，而被赋予更多的功能属性。具体而言，其属性主要包括以下三个方面。

（一）产业属性

所谓产业，即由在某一方面具有相关性的各类生产要素的总和形成的相对完整的体系，且该体系会随着社会需求的变化而发生相应的变化。之所以称之为相对完整体系，是因为不同产业之间存在着交融，因此对产业的划分标准因为时间不同、角度不同而存在一定程度的差别。从经济学的角度来讲，产业可分为产业组织、产业联系和产业结构三个层次；从国家和社会的角度出发，产业又被划分为三部分，即为广大民众所熟知的三大产业：第一产业、第二产业、第三产业。三大产业的划分是由国家统计局对所有经济活动进行的更高层次的概括，是对国家产业领域的集中划分。另外，产业内部仍需进行细致拆分。比如，我们熟知的第一产业——农业，其不仅包括粮食种植，还包括牲畜养殖、游牧、草木种植等，可以概括为农、林、牧、副、渔五个部分；第二产业亦是如此，石油、煤炭、金属等不同能源的开采，衣、食、住、行各相关产品的制造等均属于第二产业；第三产业通常被称为服务业，具体包括批发、零售、交通、金融、旅游、维修等。三大产业既相互独立，又相互依存。第一产业为第二产业提供原材料，第二产业将原材料加工制造成商品传递给第三产业，再由第三产业辐射到我们生活的方方面面。

根据体育场馆在国民经济和社会发展中的地位与作用，可以将其划分到第三产业。根据国家统计局对第三产业的划分意见，体育场馆可被细分到第三产业第三次级，即为提高科学文化水平和居民素质服务的部门中的体育产业。

体育产业属于文化素质产业类目，但从收支角度来讲，它又属于非物质生产部门。非物质生产部门的单位即不从事生产活动的企业单位和事业单位。企业单位和事业单位的不同点在于企业单位以追求经济效益为目的，同时需要向国家缴纳一定数额的税金。体育事业单位和体育企业单位都是广义体育产业的组成部分。

（二）社会公益属性

社会公益指不以营利为目的且为社会大众提供公共利益的活动。社会公益并非笼统意义上的救济活动，其方式多种多样。虽然社会公益并不能完全惠及每一个成员，也不以某个成员的意志为转移，但是社会公益依然是客观存在的。比如，大众所熟知的公益广告虽然并未宣传到大众中的每一位，也未能引起大众足够的关注，但是公益宣传是客观存在的，且其公益属性不曾改变。除了客观性之外，社会公益还具有共享性，即社会公益的受众不是某个人，而是大众群体或者其中的一部分。社会公益的影响力虽然不能涉及每一个人或者仅能影响一小部分群体，但是依然不可或缺。

社会公益的表现形式主要有两种，即有形的公共物品和无形的公共服务。体育产业的社会公益性表现为无形的公共服务，而体育场馆的社会公益性则表现为有形的公共物品，为公共服务提供基础支撑。这是从社会公益的表现形式层面进行的分析，或者说是从客观结果层面进行的分析。反之，我们可以从原因层面加以验证。首先，体育场馆的建设需要两个方面的资源，一是土地，二是资金。除了私人独立建设的体育场馆外，体育场馆的占地性质多为公共土地。兴建体育场馆的资金来源于国家的财政税收，国家税收取之于民，自然要用之于民，这也是人民群众应当享有的基本权益。其次，发展体育产业和体育文化是国民身体素质建设的重要组成部分，也是我国新时代建设小康社会的客观需求。最后，体育场馆的公益性建设还是大众群体享受社会福利的一种表现。因此，体育场馆具备社会公益属性。

（三）商品属性

我国要实现第三产业中的非营利性单位向营利性企业转变，这就使体育场馆在具备社会公益属性的同时具备了商品属性，即实现体育场馆功能的多元化和最大化。唯有发掘体育场馆的商品属性，才能实现体育场馆的健康可持续发展。然而，体育场馆又区别于普通商品，这主要体现在以下四个方面。

第一，体育场馆不属于独立买卖的商品。一方面，体育场馆由于自身的社会公益属性，不单独针对某个人。另一方面，体育场馆的筹建需要大额资金支持，非普通个体所能承担，且体育场馆缺乏购买价值。

第二，体育场馆属于服务型商品。首先，体育场馆以及体育场馆内的各项运动器械均是有形存在的，但是这些有形商品不能买卖，而是作为服务大众的媒介存在。体育场馆内各项运动设施的使用权可以交易，但是所有权不会发生变化。在这方面体育场馆与电影院颇为相似，观众来到电影院可以欣赏不同风格的影视作品，但是影像设备以及影像版权不会发生转移。其次，由于体育场馆的服务属性，体育场馆的服务过程就是其作为商品交易的所有过程。无论人们来到这里的目的是欣赏体育竞赛还是个人性质的娱乐健身，体育场馆的服务价值仅体现在活动过程中。

第三，体育场馆的重复性和群体性消费。首先，体育场馆可以连续或间断性地召开各类体育赛事，以此吸引有不同体育爱好的人们观赏比赛，从而实现重复性和群体性消费。其次，对热爱健身活动的群体而言，体育场馆配备的多样化的健身器材可以满足其不同的健身需求，因此同样可以吸引不同的群体进行重复性的消费活动。此外，除了齐全的硬件配套设施之外，做好体育场馆内的各项服务工作（清洁服务、咨询服务等）也是吸引大众进行重复性消费的重要途径之一。

第四，服务质量的不确定性。影响体育场馆服务效果的客观因素有很多，这些客观因素会给不同喜好的消费群体带来不同层面、不同程度的影响。比如，在体育竞赛中，不会是所有观众全部支持 A 组或者 B 组，但是结果必然有输赢，这就会给不同的消费群体带来不一样的观赏体验。个体的健身活动也是如此，受健身场地和运动器械数量因素的影响，部分运动器械会显得紧缺，这又会给不同的消费个体带来不一样的服务体验。如果是户外活动，还可能会受到天气等因素的干扰。所有这些客观因素共同造成了体育场馆服务质量的不确定性。

商品的最终价值是要实现经济效益，体育场馆既然兼具社会公益属性和商品属性，则其必然要实现其应有的经济价值。这就需要从市场的角度出发，对体育场馆的建设与经营进行重新审度，但要保证两点：一是要保证其既有的社会公益属性不变；二是要保证体育场馆的后期回收收益，避免造成前期的巨额投入付诸东流。

二、高校体育场馆设施建设的原则

（一）按在校学生人数配置的原则

高校体育场馆的主要使用对象是在校学生，不同学校学生人数的差别会影响高校体育场馆建设的规模。一般而言，根据不同高校的在校生人数（≤ 1 万、1 万 ~2 万、≥ 2 万），体育场馆的建设分为三个等级。除此之外，根据不同院校体育场馆的发展类型不同，其又有基本配备类和发展配备类两种模式。无论是等级划分还是类型划分，各项标准均相对明确，各高校仅需按照各自的实际情况进行分配。

（二）四季都能上课的原则

体育课程主要分为两种类型，一种是理论课程，另一种是活动课程。其中，活动课程又分为室内活动和室外活动两种。室内的课程相对不会受到天气因素的影响，但是室外课程就与天气因素息息相关，特别是在夏季。众所周知，南方夏季雨水较多，这就极大地影响了室外活动课程的开展。同样，北方冬季的零下天气也会在一定程度上影响学生的室外课程学习。因此，学校在进行体育场馆的设计时应当提前考虑这些因素，保证学生四季都能正常上课。

体育课程的安排不仅要满足不同学员的多样化需求，而且要与学校体育场馆的实际情况相衔接，不可顾此失彼。既要满足学生的学习兴趣，又要符合学校的实际教学条件。

这就需要学校在保持传统课程的基础上征求大多数学生的意见，合理地调整与安排各项课程，既要注重课程多元化，又要注重满足学生兴趣。

三、高校体育场馆建设的位置原则

（一）相对集中原则

高校体育场馆建设的目的是引导和推动在校学生积极开展身体锻炼活动，因此应当将体育场馆设立在食堂附近或者宿舍楼附近。与此同时，要合理规划体育场馆内部的布局，不同运动场地之间不能距离太远，否则不利于教师对课堂进行管理。

（二）地势高的原则

在建设体育场馆之前需要进行勘察，优先选择地势相对较高的区域。但是，这并不意味着要勘察出全校的地势最高点，而是相对周边而言地势要高，这样可以避免在夏季出现积水现象，从而有利于体育课程的开展。

（三）纵轴线南北向原则

阳光的照射会对学生的室外运动产生一定的影响，所以体育场馆的纵轴线应当尽量避开阳光直射，从而为运动员训练或比赛提供更好的外部条件。

（四）远离教室原则

体育课程要求学生的表现积极、活跃，不仅要在身体上表现活跃，而且要在语言、情绪上表现活跃，这也是体育课程与其他科目的不同之处。但是，这种活跃的情绪和状态会影响到文化类课程的开展，因此，体育场馆的建设要远离教室，尽量避免或减少双方之间的相互影响。

（五）安全原则

1.场地平整

体育活动的场地要保证平整或者基本平整，这样既能够避免学生在剧烈运动过程中因场地原因而发生扭伤，又满足国家对体育场馆建设标准的要求。事实上，无论是校内运动会的比赛场地还是校外运动会的比赛场地，不平整的运动场地势必会影响体育竞赛的比赛结果，甚至会影响高校对外的整体形象。

2. 近距离无障碍

近距离无障碍是体育场馆建设的基本要求之一，与地势高的原则一样属于优先考虑的原则。这不仅是因为障碍物会影响训练人员水平的发挥，还因为它有可能影响训练人员的人身安全。

3. 非交通通道

高校不能为了节省空间而使体育场馆与交通道路相贯通，特别是主干道务必与体育场馆分离。这既是为学生的安全考虑，又是为行人的安全着想。如果无法避免，则必须利用围墙或者护栏进行隔离。

4. 不能作为停车场

虽然体育场馆的室外场地相对处于闲置状态，但是不宜作为停车场所，这既是为学生的安全考虑，又是为汽车的安全考虑。若不严格要求，则极有可能会影响体育场馆室外场地的使用寿命。

四、高校体育场馆设施的功能

（一）体育教学功能

高校体育场馆建设的第一目的是体育教学，这一点与文化课教学楼建设的目的相同。尽管大众对体育课程的重视程度远不及对文化课程的重视程度，但是这并不能改变体育场馆服务于体育教学的功能属性。

（二）对外开放功能

高校的体育场馆除了服务于学校师生之外，还可以服务于社会大众，这既是高校体育场馆社会公益性的体现，又是其商品属性的体现。首先，向外界开放体育馆有利于吸引更多热爱体育锻炼的大众参与身体锻炼，这不仅能服务社会，而且能促进学生与社会成员之间的学习与交流。其次，拓展体育场馆的收入渠道，并且吸引有实力的企业注册，共同开发高校的体育场馆，形成体育产业，实现其经济效益。最后，主动出击，以体育兴趣班的形式吸引体育爱好者参与学习，这既能实现体育场馆资源利用效率的最大化，又能提高学校的社会影响力。

前文已经提到，体育场馆是服务的媒介，而媒介的价值取决于媒介的经营管理层。比如，高校可以利用自身体育场馆的资源优势开展体育文化交流活动、举办全民运动会、举办体育赛事等，这既有助于提高高校的知名度，又能让社会关注到高校，关注到体育场馆的建设，进而吸引更多的有识之士参与到学校及体育场馆的开发建设中来。

（三）美化环境功能

高校的建筑群主要分为教学楼、体育场馆和宿舍楼三部分，其中最引人注目的莫过于体育场馆。因为教学楼和宿舍楼的建设模式相对单一，唯有体育场馆最容易凸显学校特色，所以学校可以充分发挥体育场馆的环境美化功能，打造独具特色的校园环境。一方面，合理规划体育场馆的整体布局，以使其既能满足各项功能需求，又能实现环境美化功能。另一方面，提高体育场馆的绿化率也能够发挥其美化环境的功能，为师生创造良好、舒心的教学环境。

（四）环保功能

第一，要改善体育场馆的教学环境，特别是橡胶球场和橡胶跑道务必选用环保材料，避免因为贪图便宜而使用含苯元素较高的"毒"跑道。

第二，要加强体育场馆周围的环境建设，通过植树、种草等方式减少空气污染，提高体育场馆周边的环境质量。

五、高校体育场馆建设的标准

高校体育场馆的建设标准包括功能标准、美化标准、经济标准等多个方面，通常以功能标准为主。高校体育场馆的功能标准主要包括以下内容。

（一）能承办大型比赛

对于一些具有较高标准的高校而言，其高校体育场馆的建设除了要遵循人数配置的标准之外，还应当在此基础上进一步提升建设标准。无论是运动器械的标准，还是辅助配套设施的标准，都要与省市级大型比赛要求的标准相匹配，以使体育场馆既能够承接较大类型的赛事活动，又能够达到一馆多用的目的。

（二）能兼顾多项比赛的需要

体育场馆的建设既要满足各类单一赛事的需求，又要满足大型多项比赛的需求，如运动会、省级比赛等。这不仅要求体育场馆的场地规模达标，还要求场馆内各项赛事的独立标准也达标，如面积标准、材料标准等。

（三）能承接大型文艺演出

与体育赛事不同，文艺演出更具欣赏性。因此，文艺演出对灯光、音响设备的要求相对较高，否则难以达到预期的演出效果。这就要求提高高校体育场馆主场馆的艺术性，使其能够承接大型文艺演出。

（四）能举行大型集会

大型集会除了对舞台的场地规模有要求外，更注重台下座位的多少，这就要求体育场馆内配置足够的座位，同时需要在台上装设多媒体显示屏，以便演讲者用到相关资料。此外，大型集会还要注重音响效果，以保证每一位观众都能够清楚地听到集会内容。

（五）有能进行电视直播的基础配备

针对一些大型的或者重要的比赛活动，活动的组织者需要将比赛内容进行直播，这就要求体育场馆内配备相关的基础设施。

第二节　高校体育场馆场地的经营管理

一、水泥混凝土场地的维护

体育场馆水泥混凝土场地的使用寿命与其维护条件息息相关。只有及时维护、经常维护才能尽早止损。所以，高校体育场馆内的水泥混凝土场地需要进行定期维护。

首先是日常维护，水泥混凝土场地日常维护的主要工作便是清理杂物。其次是季节维护，特别是在场地出现裂痕的情况下需要及时灌缝填充，从而避免裂痕的进一步扩大。对场地内的缝隙进行记录，因为气温的升高或者降低都会影响灌缝填料的填充效果。如果裂缝的宽度较窄，就无须进行灌缝填充，只需进行黏性灌注。

二、塑胶场地的维护

塑胶场地的维护与水泥混凝土场地的维护不同，其维护过程要更加细致。首先，日常的场地清理不仅包括杂物清理，而且包括定期清洗。除了要将塑胶场地表面的垃圾、灰尘加以清理之外，还要对污秽区域进行重点粉刷，以保证塑胶场地的光鲜亮丽。其次，塑胶场地维护工作的另一项重要内容便是注意保持塑胶场地的弹性，切忌重压或者冲击，否则弹性很难恢复。再次，注意加强对进入塑胶场地人员的检查工作，避免塑胶场地因学生携带危险物品遭到侵蚀。最后，对进入塑胶场地的人员所穿的鞋子也要进行严格的规定和检查，要求统一穿运动鞋，参与特殊训练的运动员除外；对训练中的人员要划定专门的区域范围；注意保护塑胶跑道上的各种标识，必要时可以对其进行重新涂描。

三、天然草坪场地的维护

天然草坪场地仅用于部分赛事以及师生的日常活动，如足球、高尔夫球等活动。天然草坪场地的维护相对复杂，因为天然草坪全部是由具有生命力的绿草构成的。天然草坪场地的使用情况因地区而异，南方草坪场地可全年使用，而北方草坪场地的使用时间因为季节转换的影响会缩短。天然草坪的维护主要包括七个方面：一是浇水。天然草坪场地的浇水工作通过喷洒的方式完成，通常一个月需要喷洒四次，并根据天气状况和草坪的实际需求进行增减。二是要注意清除天然草坪场地内的杂草，尤其要及时清理生命力较为旺盛的杂草。三是修剪工作，天然草坪场地内的绿草在管理人员的精心呵护下生长良好，但是这也使维护工作更烦琐。草坪修剪要及时，或者规定修剪日期，切忌等草的高度没过鞋子时再进行清理，同时要注意将清理后的草及时运离场地，避免污染草坪。四是施肥。农田的庄稼要定期施肥，天然草坪的绿草同样需要施肥。施肥的方法较为固定，先将化肥均匀地撒在草坪上而后灌溉，或者先将化肥溶于水而后喷洒。通常每 1~2 个季度施肥一次。五是滚压。滚压工作是修剪工作的修补善后，对修剪过程中被拔出根茎的草进行滚压。不同生长状态的草坪可以选用不同型号的滚轴，以免对草坪造成伤害。滚压的方式不受拘束，只要保证力量均匀即可。六是越冬管理。越冬管理是指修剪工作，因为冬季的草不再生长而是逐渐枯萎，这就需要进一步清理枯萎草叶并将其清运出草坪场地。七是返青前后的养护，工作重点是滚压地表裂缝和浇水灌溉，做好这两部分工作能够极大地减少次年维护的工作量。

四、木质场地的维护

体育场馆内的木质场地造价相对较高，一旦出现损坏需要大面积更换，因此木质场地的维护工作必须要精心、细致。与塑胶跑道相似，木质场地同样要求为软底鞋，这样可以防止场地内的人员因穿鞋不当划伤木质场地。因为场地是木质材料制作而成的，因此要杜绝吸烟等不文明行为的发生。凡是剧烈运动型的活动均不宜在木质场地内开展，如踢足球等。在木质场地内对各种器械的移动要小心，不得使其与地面产生摩擦。以上几点是在木质场地使用过程中需要注意的事项，木质场地的日常维护工作主要是针对地板表面的油层防护。通常，木质地板的油层防护包括使用地板蜡和地板油两种方式，但是由于地板蜡不具备防滑功能，木质场地的日常维护中多使用地板油，而在临近寒暑假期间，多通过涂地板蜡的方式对木质场地进行保护。此外，无论日常维护涂的是地板蜡还是地板油，在开展体育比赛的时候都要再涂一层防滑油。防滑油的涂擦是有技巧的，不是均匀地涂擦，而是有重点地涂擦。比如，运动员经常活动的区域需要多涂擦，而活动频率较小的区域以及边角区域则可以少涂擦。地板油、防滑油的具体涂擦方式大同小异，既可以先将油洒在场地上再使用墩布等涂擦，又可以先将油喷洒在墩布上再涂擦。虽然不对涂擦的方式做特别要求，但是必须保证涂擦效果良好。

五、游泳池的维护

（一）游泳池水质要求

游泳是许多学生特别喜爱的运动项目，同时是大型比赛必不可少的主竞单元。但是，由于在游泳活动中水会与人体有全方位的接触，因此体育场馆要对游泳池的水质进行严格把关。

（二）游泳池的水质保护

定时抽查游泳池内水的质量，一旦超出正常范围就要及时更换游泳池内的水。

在学生进入游泳池之前和走出游泳池之后要强制其进行淋浴和浸脚消毒，这既可以避免污染水质，又可以保障学生的身体健康。

游泳池内的水质需要定期化验，一旦发现异样，必须立刻换水。

如果水质化验报告未发现异样，也需要根据水质报告的化验结果及时调整各成分含量，以保证水质最佳。

如果发现游泳池内的水变为黄绿色，就可以直接向池内投加硫酸铜进行中和沉淀反应。硫酸铜添加量的多少根据水质颜色恢复情况而定，不可过度添加。

（三）游泳池的维护

游泳池内外要保持清洁，所有的垃圾和污染物都要进行清除。要定时清洗游泳池的四壁、边沿及池底，确保其干净、整洁。首先，在游泳池充水之前，要着重清理出水口，避免后期堵塞影响排水。其次，游泳池内的各个部位需要定期清洗和消毒，以最大限度地减少病菌或者污染物的带入，保障学生的游泳安全。最后，如果是室外游泳池，就要结合当地的气候状况选用不同的方式进行维护。例如，北方冬季严寒，需要通过"盖被子"的方式为游泳池保暖，南方则不用这么复杂，填充适量的水即可。

第三节　高校体育场馆器材的经营管理

一、体育器材的购置与报废

（一）体育器材的购置

体育器材的购置包括从计划购买到正常使用的全部过程，并已经形成一套系统且规范的购置流程。在具体操作过程中，需要结合自身对不同器械的实际需要选择与契合性最高的厂家合作，同时关注产品设备的质量和售后服务保障，以免被不良厂家欺骗。如果是二次购置，就可以在合作厂家之间进行筛选比对。在收到购置的体育器材之后，管理人员要一一比对并登记入册，以备后期查验。现今各高校登记入册通常有两种方式，一种是纸质登记表和厂家送货单，另一种电子登记表。两种登记方式并用，能有效降低出错率，而电子登记查验更方便。高校如果要举行大型比赛，那么可能会对使用到的运动器材有所要求。如果现存的体育器材不能满足比赛要求，那么要以比赛为重，重新购置符合要求的体育器材。

（二）体育器材的报废

体育器材多数为金属材质，使用寿命相对较长，但是其在被使用的过程中依旧会发生磨损，直到报废。体育器材的报废并不一定是因为被损坏，而是当其存在安全隐患或者维修成本过高时均可进行报废处理。若管理人员在定期的体育器材检查过程中发现报废器材，则需要对其进行一一登记并上报，学校会安排专业人员进行检查，特别是对较为贵重的体育器材进行重点检查，最后按照检测结果办理销账手续。

二、体育器材的日常管理

（一）建立体育器材档案

体育器材档案是对体育器材的集中统计，以便日后进行维护和管理。体育器材档案建立的方式有很多种，可以对所有的体育器材进行编号统计，也可以对不同类目的体育器材进行分类统计，还可以根据体育器材不同的生产厂家进行统计，等等。学校要时常对体育器材档案进行更新，管理人员要对不同器材的损耗程度进行记录，同时要及时、准确地添加或更新体育器材的相关信息。

（二）制定体育器材的保管和使用制度

体育器材的保管工作不只是对其数量的统计，更是对各种体育器材的保护，因为这关乎体育器材的使用寿命。各种体育器材在使用过后要统一归还入库，以避免留在室外被暴晒或者被风雨侵蚀。这些保管措施能让人自我约束，只有制定相关的管理制度才能更好地发挥其约束作用。管理人员需要对每次体育器材的发放与收回做好验收、统计和记录，具体包括领取班级、领取时间、领取人、领取体育器材及其数量、归还时间、归还数量等，对发生破损或者丢失的体育器材也要及时做好记录。除课堂记录以外，每周要对所有的体育器材进行保管统计，对需要维修的体育器材，要及时上报并检修。

（三）制订和实施体育器材维护计划

体育器材的维护工作不仅包括将其放置于室内，还包括根据不同体育器材的特性对其进行单独的保养与维护。首先，管理人员要根据不同体育器材的材质、使用频率、维护方式、维护时间等方面进行记录，并整理成维护计划，按照维护计划制订维护记录表格，以便有效开展监督维护工作。其次，对于一些大型或者贵重的体育器材则要聘请专业人员进行定期维护。最后，在体育器材的维护工作中，管理人员除了要注意体育器材本身的性能维护之外，还要注意安全维护，特别是一些大型的体育器材，要注意检查其安全使用问题。对存在安全隐患且难以修复的体育器材，管理人员要进行单独保存，并上报申请报废处理。

第四节 高校体育场馆管理制度的建立

一、体育场馆安全事故的预防

体育场馆虽然是竞赛、健身场所，但是在竞赛或者健身过程中难免会因为人的自身原因或体育器材的维护原因引发安全事故。这种情况虽然发生频率比较低，但是依然需要引起管理者的高度警惕。因为只有加强安全隐患排查、提高体育场馆内的安全系数，才能为体育竞赛者、健身爱好者提供安全、优质的锻炼环境。具体来说，体育场馆安全事故的预防可从以下几个方面入手。

（一）建立完善的安全管理体系

无规矩不成方圆，建立科学规范的安全管理体系是扎实做好体育场馆安全事故预防工作的第一步，让所有的管理人员、工作人员有法可依、有规可行。

（二）加强对管理人员和服务人员的安全培训

安全管理的重点是提高安全意识，只有加强管理人员和服务人员的安全意识，才能切实做好体育场馆的安全管理工作。但是，安全意识不会自动被唤醒，事故往往发生于疏忽大意之时。因此，需要加强体育场馆内工作人员的安全培训工作，使其时刻保持警惕。除了提高安全意识之外，安全知识与安全技能的掌握也必不可少。提高意识是为了防范于未然，而掌握技能则是为了防止事故的进一步扩大，二者要同时兼顾。

二、体育场馆大型活动的安全管理

大型活动的安全管理工作较为复杂，因此一般承办方会组织或者聘请专业的安保人员进行策划、实施安全工作。在此期间，体育场馆的工作人员无论是否接受新的委派任务，都需要做好本职工作。

首先，要明确体育场馆内各个分馆的活动安排及活动时间，以便为入场观众做好讲解和指引工作。其次，在围观群众较多的区域做好人员疏散工作，避免道路拥堵或者踩踏事件的发生。再次，加强巡逻，维护好体育场馆内的正常秩序，特别是在比赛进行前和比赛进行中，保证比赛场地及参赛人员不受到周围观众的干扰；最后，对体育场馆内的重要区域进行重点保护，避免意外事件的发生，确保活动顺利进行。

三、体育场馆的卫生管理

体育场馆内的卫生工作一直是工作人员主抓的重点，因为这不仅关乎体育场馆的对外形象，还有可能影响训练人员的身体健康。日常的体育场馆卫生管理工作主要是对场馆进行清洁，各区域的卫生工作分别划分给个人并被计入日常工作考核。同时，学校成立专门的卫生监管部门，随时抽查各个负责人所管理卫生区域的卫生情况，优者奖，劣者罚。此外，体育场馆内不同区域的卫生要求存在一定差别。比如，体育场馆内的卫生间不仅要求外表干净，还要求不能有异味，下水管道无堵塞；体育场馆内的环境不仅要求干净、无杂物，还要求严格管控广告标语，不能借助体育场馆这一公共环境随意张贴广告；观众席除了要保证地面清洁、无垃圾之外，还要保证座椅及楼道干净平整，严禁信手涂鸦、乱刻乱画。体育场馆内的卫生工作是最繁杂、最为细致的工作，不同区域的卫生标准虽然有所差别，但其目的是一致的，即为运动者创造舒心、愉悦的比赛和锻炼环境。

第四章 高校体育场馆经营管理的基础

第一节 体育场馆及其经营管理相关概念

一、正确理解公共体育场馆的公益性与经营性的关系

根据马克思主义辩证唯物法的观点，公共体育场馆的公益性以及经营性的关系是非常复杂的，彼此既矛盾又统一。其矛盾体现为二者是彼此对立的关系。公益性要求的是要尽量让更多的人享受到体育场馆提供的服务，但是经营性决定体育场馆要服务于特定人群，只有拥有消费能力的人才可以享受到相应的服务，从而保障体育场馆获得一定的经营效益。换句话说，假如体育场馆在经营过程中把更多关注点放在公益性上，推动体育场馆向社会公众全面开放，要让每一位老百姓都能够享受到其中的优惠和便利，满足他们的体育文化需要，就可能会给经营创收活动的组织开展带来不良影响。但是如果把更多的关注点放在经营方面，要求体育场馆在经营中更多地考虑创收问题，要求每种设施和器材的应用都要收费，那么体育场馆就会变成只有一部分人参与体育实践活动的场所，会让大部分人的利益受到损害。

从长远的角度看，体育场馆的经营性以及公益性是彼此统一的关系，这种统一关系具体体现在以下几个方面。

1.公共体育场馆运营的重要目的是保障公益性的实现。公共体育场馆投资的重要目的是要服务全社会，并不是获得多高的利润。在实际生活中，人们的普遍看法常常是公益性以及经营性是彼此不相容也无法统一的，很多时候公共体育场馆改革也是因为这样的情况而被困在理论认知局限中。人们在对公共体育场馆公益性进行理解和认识时常常会将其和办馆形式关联起来，好像只有在行政管理的支持下才能确保公益性的实现，认

为提供有偿服务以及推动体育场馆市场化建设就会磨灭公益性。事实上这样的思想认识是非常不全面的，主要是因为它并未意识到公共体育场馆角色定位与公益性有很多不同的表现形式，并不是只有一种。用经营管理的方法提高体育场馆的资产水平，降低经营管理中的成本，能够更好地服务于全社会，这样既不会给公益性带来影响，也符合国情。

2. 对体育场馆进行经营是确保其公益性实现的有效手段。根据当前政府机构创新改革的要求，要实现尽可能地减少财政支出，减轻政府财政负担的要求，公共体育场馆必须真正走上市场化发展的道路，并通过这样的发展模式解决发展体育馆的费用问题。除此以外，公共体育场馆属于国有资产，需要获得资产效益，为提升服务质量提供良好的物质与经济基础。公共体育场馆的公益性将推动竞技体育水平提升作为重要内容，将提升城市以及国家的综合性社会效益作为重要目标。运用市场化的经营管理模式来确保体育场馆的发展，使其焕发出勃勃生机与活力，这和实现体育场馆的公益性之间不但没有矛盾，反而更能够彰显其公益性。

3. 从理论角度进行分析，体育场馆公益性以及营利性是可以进行有机整合的。体育场馆可以在发展建设过程中把营利性当作重要手段，把实现公益性作为目标，能够在保证经济效益实现的同时创造出良好的社会效益，满足人们日益发展变化的体育文化需求。在具体实践环节需要特别注意的是公共体育场馆的市场化经营模式不仅仅是改变资源配置的方式，还涉及国有资产的经营与所有权方面的实际问题。正确的做法是把明确产权作为基础，革新思想观念，结合现状，把公共体育场馆改制成企业单位，或者对体育场馆进行企业化经营。体育场馆只有在分享自主经营权，打造完善的资产经营、经营决策、利益激励、预算约束等机制的基础上才能够迅速发展，促进国有资产保值增值，实现公益性与及营利性的统一。

总而言之，公共体育场馆的营利性以及公益性是能够彼此依存与促进的。抛弃公益性而只凸显营利性是一种本末倒置的做法，抛弃经营性而只谈公益性，则会让体育场馆成为无源之水、无本之木。

二、经营、管理与经营管理的概念

根据西方经济学理论的观点，经营最初是指经济活动中获得利润的一种实践活动，特指企业经营活动。经营的目的是保证成本最低以及利润最大。之后经营的应用范围逐步扩大，已经不仅限于企业经营，也开始用在国家和国家事业建设中。如今，经营在社会与经济的诸多领域都有应用，而且经营范围也在不断扩大。现代意义上的经营指的是社会经济活动中拥有支配能力的群体或个人为了在良好的条件下达到更高的目标或者保证既定目标达成而自觉依照客观规律开展的整体上的筹划经营活动。

经营和管理之间存在着非常紧密的联系。管理指的是控制、协调与组织等活动。经营指的是运营、筹划以及治理等活动。可以说经营中包含着管理，经营是管理的升华，主要是由于经营者只有运用管理这样的方法才能形成科学化的经营理念与经营决策。经营是管理的出发点以及落脚点，管理活动是为保证经营目标的达成而实施的。虽然管理者有些时候要对生产过程中的管理工作制定相关政策，但是管理业务上的决策是依照经营决策整体方案开展的，所有涉及总体情况的决策都需要经营者深思熟虑，考虑有利和不利因素之后获得的结果。所以在管理的定义中包含经营内容，管理本身就有双重任务，一是偏重管理系统内部，二是偏重管理系统和环境间的关系。

因为经营中不能缺少管理，因此本书把经营和管理这两个概念进行组合应用，其实就是为实现经营目标而实施管理。

三、正确处理公共体育场馆的公益性与经营性的关系

公共体育场馆在面向广大体育消费者提供多种多样的体育服务和产品时，还要运用科学有效的经营管理方法。公共体育场馆无论选择和确定怎样的经营管理模式，都必须积极开发和挖掘内部潜能，注重对经营环境进行优化，同时注意结合体育场馆本身的资源和相关条件，了解体育消费者的多元化需求以及消费水平，制定多元化的竞争策略，形成竞争优势，让体育场馆在服务广大消费者的过程中铸就优于其他竞争者的良好形象。

（一）建立现代企业制度

现代企业制度是以市场经济为基础，把科学、完善的企业法人制度作为主体，把有

限责任制度当作核心，将公司企业作为主要形式，将产权清晰、权责明确、政企分开、管理科学作为根本条件的新型企业制度。

产权清晰有两个方面的含义：一是要有具体部门与机构代表国家对国有资产行使权利。二是要保证国有资产边界清晰，做好摸清家底工作。在具体工作中，首先必须理清实物形态国有资产的边界是怎样的，接下来要理清国有资产的价值与权利边界。

权责明确指的是要科学区分与明确企业所有者、经营者以及劳动者的权利和责任。这三者在整个企业中占据的地位与发挥的作用是不同的，所以其所承担的责任以及权利也有很大差异。所有者会依照出资额享有得到资产收益、做出决策以及选择管理者的权利，而在企业破产时，也对企业债务承担有限责任。企业在存续过程中享有对企业法人财产占有、使用、处置以及收益等的权利，同时以企业法人所有财产对债务负责。经营者受所有者的委托，在一定时间与范围之内拥有经营企业资产和其他生产要素，同时获得一定收益的权利。劳动者依照与企业签订的合约，拥有就业和获得相应收益的权利。

如上面所说权利相对的是责任。从严格意义上来讲，责任也涵盖了承担风险等方面的内容。要保证权责明确，除了需要准确界定权利以及责任之外，还需要确保权利、责任平衡与对应。另外，各种利益相关者还需要构建彼此依赖与制衡的关系，主要是因为这些利益相关者属于不同的利益主体，存在利益一致以及不一致的方面。相互制衡要求确定彼此的权利与责任，然后做好彼此监督。

政企分开指的是政府的行政管理、宏观调控、行业管理等方面的职能和企业经营职能分离开。具体而言，政企分开的落实需要政府把原本和政府职能统一的经营职能分离开来交还给企业。在市场经济体制改革进程中所开展的扩大企业自主权以及放权让利等活动均是为了解决政企分开问题。另外，政企分开还需要企业把原本所承担的社会职能分离开来之后交还给政府以及社会。需要特别注意的是，政府是国有资本所有者，对其控股的企业行使所有者权利是应当的，这不能因为政企分开而改变。但是问题的关键是政府应该怎样正确行使所有者权利，而不是滥用所有权。

管理科学是比较宽泛的概念。从较宽层面看，管理科学涵盖企业组织合理化的内容；从较窄层面看，管理科学需要企业各个方面都实现科学化管理。管理存在的重要价值在于激发人的创造性以及积极性，其核心在于激励和约束。要保证管理科学的实现，必须积极学习以及开拓创新，需要引进先进的管理方法与管理模式。对于管理是不是科学，虽然可从企业所运用的管理方法的先进性层面进行评估，但是最后还需要根据管理成本与收益的对比做出客观评价。

我国的大部分体育场馆都是国有资产，一般都是全民所有制，并且带有一定的社会公益性。不过体育场馆要走向市场，实现市场化转型，也需要严格依照市场经济的要求与市场规则，建立现代企业制度。各个体育场馆在原则上应该成为独立或者相对独立的经营实体或法人单位，然后以这样的身份参与体育市场活动，在激烈的市场竞争中实现自主经营、自负盈亏和自我发展。因此，体育场馆需要立足实际，积极推进股份制改造工作，先从体制上实现管、办分离，享有经营者的自主经营权。因为股份制采用的是法人经理机制，因而能够有效保障资产所有者的切身利益。另外，股份制还有鲜明的有限责任特点，这也确保了公共体育场馆资产所有者对所投项目的风险范围。在推行股份制改造的进程中，需要充分思考体育场馆的特征、具体的经营情况、人员结构、管理、市场发展前景等诸多要素。同时必须积极落实抓大放小的准则，对拥有良好发展前景的体育场馆实施股份制改革，以便利用改制的方法得到维持长远发展所需要的资金，同时抓住改制机遇，对产权关系进行有效梳理，使体育场馆真正走上现代企业的规范化发展道路。

（二）牢固树立市场营销观念

市场营销是创造需求、交换和传递价值的管理过程，同时对消费者关系进行有效协调与梳理，使组织与其利益关系人受益的组织功能和程序。

所谓市场营销观念，指的是企业在营销实践活动中所遵照的指导思想与经营哲学。市场营销观念需要把充分满足消费者的实际需求作为出发点，换句话说，消费者需要什么，就为他们生产和提供什么样的产品与服务。即使这样的思想观念有着很长的发展历史，但是这一思想的核心原则基本定型是在 20 世纪 50 年代中期。在当时的社会环境下，社会生产力水平快速提高，整个市场的发展趋势是供大于求，同时群众的收入水平逐步提升，有可能对各种产品进行有效选择，企业所面对的竞争压力逐步增加。越来越多的企业深刻意识到必须从根本上革新经营理念才能在激烈的竞争中求得生存和发展。市场营销理念认为，保障企业目标达成的关键是要对目标市场的需求进行有效确定，同时要比其他竞争者更有效地传送目标市场所需要的产品或服务，比竞争对手更能满足市场以及广大消费者的需求。

正是因为市场营销观念的产生，让企业的经营理念发生了根本性变化，让市场营销学出现了彻底变革。市场营销观念和常规意义上的推销观念有着非常明显的差异。

西奥多·莱维特曾经对比了市场营销以及推销观念，力求深层次分析两者的差异。他通过分析和对比指出，推销观念关注的是卖方需要，市场营销观念更加关注的是买方的实际需要。推销观念将卖方需要作为根本出发点，会积极考量怎样更好地将产品卖出去，将产品变成现金。市场营销观念积极思考的是怎样通过优化产品与服务来满足消费者的实际需求，获得良好的经济效益与社会效益。由此观之，市场营销理念包括四大支柱，分别是市场中心、顾客导向、市场营销以及利润。推销观念同样有四大支柱，但是和前者截然相反，分别是工厂、产品导向、推销以及盈利。从本质上看，市场营销理念是把客户需求作为核心以及根本导向的一门经营哲学，也是消费者主权理论在市场营销实践中的体现。

不少一流企业都主张市场营销观念，以松下公司为例，松下公司在打开我国内地录像机市场之前，就曾经面向我国内地的消费者实施全面调查研究，并通过这样的调研活动来掌握消费者的心理以及实际需求。中国消费者对进口家电存在着非常显著的崇拜心理，同时有着较大的进口家电需求。面对这样的情况，松下公司在 L15 录像机上特别标注只销往中国。这无疑是给予中国消费者暗示，让消费者看到这款录像机是专门为他们设计生产的，让他们在购买录像机时可以真正放心。这款录像机的说明书中有中文说明，还有中文操作说明录像带，使广大消费者在买到录像机之后，能够轻松掌握操作方法。松下公司还特别了解到中国消费者喜欢实惠的物品，于是在包装方面也迎合中国消费者。虽然这款录像机拥有多元化的功能，质量很好，但是包装选用的是一般纸盒，非常符合中国百姓的需求。另外，松下公司还在调查中了解到中国消费者拥有购买录像机的经济实力，但是常常没有办法买得起录像带，因此其生产的这款录像机中增加了高密度录放像技术，一盘普通录像带放在其中能够应用6小时，实现以一顶二，在进入中国市场后，快速获得了消费者的青睐。

美国的迪士尼乐园让世界各地的儿童实现自己的美梦，也让来自世界各地的成年人可以从中获得快乐。这是因为在建立迪士尼乐园的初期阶段，就准确确定了发展目标，其产品也不是我们所熟悉的米老鼠和唐老鸭，其产品是快乐。人们来到这里的重要目的是享受快乐，迪士尼乐园为消费者提供的也是快乐。于是广大消费者愿意来到这里享受发自内心的欢乐，也愿意对此进行相应的经济支出。

体育场馆在进行市场化建设，推动市场化经营的过程中，需要先树立科学的市场营销理念，只有这样才能真正收获良好的经济效益，保证体育场馆的发展。体育场馆在经营实践中要做好内外部环境的分析与全方位的市场调研，以充分了解消费者的实际需求，有针对性地开展经营实践活动，积极开发全新的体育项目；科学设定体育产品和服务的价格，落实有偿服务；组织开展多种多样的促销活动，从被动转变为主动，并做好宣传工作；敢于冒风险，主动捕捉市场中一闪而逝的机遇，想出他人不能想到的点子，做他人无法做到的事；树立市场竞争意识，积极运用多元化的方法和技巧，在激烈竞争中脱颖而出，提高体育场馆的竞争实力。

（三）确定体育场馆的经营定位

如今，体育场馆遇到的最大难题是对场馆的经营定位。很多研究都表明，大型以及中型的体育场馆除了积极推行多元化经营之外，还需要积极突出场馆的特色经营，拥有其他场馆不具备的特色。实施多元化经营，能够在很大程度上减少体育场馆经营中的风险，而凸显特色则能够增强竞争实力。通过对相关调查结果进行总结、分析，体育消费市场与其他类型消费市场相比是一个更具实效性的消费市场，而且某个运动项目消费量会因时间或内外重大相关运动赛事的举办出现极大的波动，给经营管理工作带来很大的挑战。所以，确保大中型体育场馆的多元化经营和多元化发展是非常必要且至关重要的，在这样的情况下，传统的增加场馆零售业的运营发展模式开始显现出很大的不足。

在开展多元化经营的过程中，注意凸显经营特色也是十分关键的。体育消费市场更注重专业化以及品牌化，同时特色化经营的效应也在逐步增加。特色化经营能够更好地适应消费者持续发展与变化的需求，另外也能够促进消费市场的扩大以及体育场馆经营规模的扩大，进而减少成本，提升核心竞争力，产生良好的品牌广告效应，树立良好的品牌形象。

小型体育场馆需要在经营管理重点的把控方面进行调整，尤其是要关注价格的设定和时间段的选择。因为小型体育场馆在硬件设施和规模等方面不具备优势，可以说在不具备良好先天条件的情况下和大中型体育场馆开展错位竞争以及争夺有效客源就必须把握好价格因素，积极利用具备吸引力的价格以及和其他场馆错时段经营的方法来保证持续稳定的经营，获得良好的效益。小型体育场馆要提高对周围地区客户群的关注度，积极吸引周围的体育消费者，同时要面向这一消费群体开展大范围的调研工作，以便进行更加精准的价格定位，找准科学化的经营管理思路。

（四）确定体育场馆的经营形式

1.会员制经营形式

会员制经营方式是当前非常流行且备受推崇的体育场馆经营模式，特别是在高档体育场馆经营中应用得非常普遍。会员制经营最为明显的特征是，体育场馆通过运用定向招募会员的方式得到稳定客源，也可在场馆工程建设完工之前就进行会员卡的预售。要获得良好的经营效果，就要运用一些有效的推销手段，还需要有一定的品位和魅力吸引广大消费者。通常情况下，体育场馆设施属于高档和高品位设施，那么吸引的会员通常也是高收入群体。会员制经营方式在具体实施中通常会在发放会员卡时向消费者收取获得会员资格的费用，同时要求客户按年度缴纳费用。在完成缴费之后，客户能够随时使用体育场馆中的各项器材与设施，并在使用设施时免交费或者是享受优惠。

会员制经营模式的显著优势所具备的优势主要体现为以下三个方面：第一，体育场馆能够一次性筹得大量资金，假如运用预售会员卡的方法，还能够明显减少负债率，优化财务状况。第二，只要会员稳定，那么场馆的年收入也是稳定的，甚至会呈现出稳定提升的趋势。第三，体育场馆的日常经营管理也会因为会员制这样的模式变得更加简单和轻松。

会员制可以划分为封闭式以及开放式会员制两种重要的形式，也可以分为团体会员与个人会员两大类。选用会员制这样的经营模式，也存在一定的困难，最明显的困难就是是否可以吸引到足够多的会员主动参与其中。另外，假如场馆只是面向高收入群体，似乎是违背了公共体育设施要面向广大人民群众的公益性要求。

2. 承包制经营形式

承包制指的是体育场馆运用合同契约对经营设施出让经营权，进而取得收入的一种经营模式。承包通常包括两种重要的方式：一种是要寻找拥有较强实力的经营者完成整体承包，并要求其每年缴纳一定费用作为承包费。另一种是对不同设施和不同的体育项目实施分割，并将其承包给多个经营者。

在具体的承包过程中可以运用友好协商的方法，也可以运用招标的方法。假如各方面的条件都比较成熟，选用招标的方法显得更加理想，因为招标方式不仅能够把标的物的市场真实价值体现出来，还能够避免出现暗箱操作等违规交易问题。

承包制的优势是能够降低体育场馆管理的难度，在保证管理轻松便利的同时可以得到稳定收入。不过这种方法也存在缺点，那就是体育场馆无法全面监管以及规范承包者的经营行为，如果承包者出现了违法和违规问题，将会和整个体育场馆产生大的纠纷和矛盾，这些矛盾常常是很难进行协调和处理的，即使可以利用合同来协助解决问题，但是合同的条款也不能包含所有可能会在承包中出现的变故与问题。再加上体育场馆常常会承担很多社会公益性活动或者体育竞赛项目，这些项目的组织实施也容易和承包者的经营出现冲突和矛盾。

3. 合作经营形式

合作经营指的是体育场馆把各种基础设施当作投资品，其他投资者将资金、设备、管理等当作投资品，共同合作经营体育业务。这样的合作经营模式最明显的特点是能够利用合作与合资经营等多元化方法，帮助体育场馆解决在经营中管理经验、技能以及资金缺乏等方面的实际问题。如果双方要进行合作经营，需要确定各自的风险承担情况以及收益的划分，通常双方是以有限责任公司形式来明确这些的。合作经营最终形成的是一种风险共同承担、利益也共同分享的经营发展机制。

就选取合作对象而言，体育场馆必须小心谨慎，尽可能选择在某个行业有极高知名度和美誉度的企业，从而能够利用知名企业的品牌与信誉扩大体育场馆的客源以及消费人群，这样不仅能够确保体育场馆的经营效益，还可以让体育场馆在群众中产生较高的知名度和影响力。

4. 直接经营形式

直接经营指的是体育场馆所有者亲自对场馆进行经营与管理的一种经营活动。直接经营有很大优势，主要表现在能够让体育场馆所有者直接开发体育经营项目，直接对场馆中的设施资源实施整体统筹规划，进而获得良好的经济效益，并促进社会效益的扩大。体育场馆直接经营的方式也有助于更好地承办多种体育竞赛以及训练活动，不会出现矛盾与冲突问题。但是也要认识到直接经营也存在缺陷，主要是因为直接经营会导致体育场馆在经营管理中缺少资金，特别是不具备充足的流动资金会导致经营项目启动缓慢。

5. 委托经营形式

选用委托经营模式，通常是由体育场馆产权所有者和接受委托的社会组织签订经营合同，确定彼此之间的责任、权利以及利益关系，经营者得到所有者的委托，担当体育场馆法人代表，负责对体育场馆进行经营管理。面对体育场馆中的重大问题和战略性问题，仍然是由所有者直接负责并且制定相关的决策，而体育场馆中原有的雇员也要留用，但是要服从经营者统一安排调度。

委托经营模式是欧美国家广泛应用的一种经营模式，这样的经营方式能够更好地发挥体育场馆多个方面的功能，还可以在很大程度上解决体育场馆内使用频率低而出现的日常无法运作的问题。

6. 物业管理形式

物业管理形式是指以大型专业物业公司作为管理实体，对体育场馆实施区域化以及整体性的综合管理。这种管理模式能够促进单一以及专项管理和服务模式全面变革，形成综合、全面而又专业化的服务。而且借助大型专业化物业管理公司进行体育场馆的经营与管理能够为广大体育消费者提供更加丰富、全面和人性化的产品与服务，进一步提升服务质量以及管理效率，促进体育场馆的可持续发展。

体育场馆物业管理具有以下两种模式：其一，委托服务型物业管理。体育场馆的产权单位把场馆委托给物业公司进行管理。假如选用的是这样的物业管理模式，那么体育场馆的所有权性质并未发生变化，而且这样的管理事实上和上面所提到的委托经营很相似。其二，自主经营型物业管理。体育场馆的产权单位把场馆交给属下的物业管理企业进行管理，物业管理企业既有经营管理权，又有产权，担负着设施维护以及发展管理的综合职能。

（五）体育场馆经营管理制度

1. 经济责任制

经济责任制是指和市场经济体制相适应，将获得良好的经济效益作为重要目标，妥善处理好国家、集体、个人的权、责、利关系的一种经营管理制度。经济责任制可以分成两种：一种是体育场馆对上级体育部门下达的指令指标或合同给出的指标承担经济责任，另一种是体育场馆内部的经济责任制，要求体育场馆将上级部门要求完成的指标分解到部门以及职工身上，明确经济利益以及责任。

经济责任制的重要原则是对责任、权利以及利益关系进行整合。这里的责任主要指的是体育场馆对国家以及社会应该担当的经济责任，还包括体院场馆各部门、科室、员工对场馆所担当的经济责任。权利指的是国家相关部门赋予体育场馆的因承担经济责任而必不可少的经济权利，其中最重要的是经济自主权。利益是根据体育场馆及其员工所做贡献以及所获效益而给予物质利益。这三者的关系是十分密切的，其中经济责任居于核心地位，经济权利是保证经济责任履行必不可少的条件，而经济利益是保证责任履行的重要动力。国家、集体以及个人这三方的利益相结合，而且从根本上三方利益是一致的，只有做到兼顾三者的利益，处理好整体和局部利益、长远和眼前利益之间的关系，才能保证体育场馆的持续稳定发展。除此之外，还需要确保职工的劳动所得与他们的劳动成果相关联，以便激起职工的工作热情，使他们能够积极主动地服务于体育场馆的经营和发展。

把责任、权利以及利益这几个方面进行整合，实际上有两层内涵：一是职工劳动所得和体育场馆的经济效益水平直接挂钩。二是劳动所得和劳动成果的质量、贡献挂钩，避免出现平均主义和吃大锅饭的问题。

就体育场馆的经营管理而言，应该积极落实经济责任制度，这是由体育场馆管理体制变革决定的。如今应用比较广泛的是承包经营责任制。承包指的是把签订合同作为重要特点，根据合同把某任务或者所有任务交给承包方负责完成的经济行为。经营是指立足体育市场需求，为广大体育消费者提供适销对路的产品与服务。责任制是依照合同规定的权利义务情况，保证发包方以及承包方共同遵守与履行合同的管理策略。

2. 合同管理制度

如今我国实行的是市场经济体制，它和过去的计划经济体制相比有着极大的差别，而且市场经济体制的一个非常明显的特点是契约经济。要想保障市场经济有条不紊地发展，必须依靠市场经济主体和参与者依法签订合同并且履行合同。2023年，我国修订并实施《中华人民共和国合同法》，该法律对企业经济活动中多种不同类型的合同给出了具体的规范和要求，也为企业做好合同管理工作提供了必要的法律保障和依据。经济合同可以说从法律层面上确保了经济责任制的落实，同时经济合同还是用法律形式体现出来的一种经济手段。无论签订合同的哪一方出现了违反合同的情况，都必须接受相应的经济制裁。体育场馆在开展每项业务活动时都需要签订相应的经济合同，为依法经营工作的实施提供必要保障和根本依据。与此同时，体育场馆管理者必须提高对合同管理工作的重视程度，并对合同签订和履行的过程进行全面把控。这样既能够动态控制合同行为的整个过程，保证合同签订和履行符合体育场馆和内外部环境的互动需要，让各种合同条款更加严密、全面，让权利和责任更加相符，保证场馆的稳定持续运营；同时又可以促使有关责任人员持续调研场馆的优势和外部环境中所有可以被积极运用的政策与有利条件，并在履行合同的过程中总结经验教训，对合同的履行行为进行校正和调整，更好地预测和探索体育场馆的经营方，使体育场馆进入良性持续运营的良好局面。

3. 经济核算制度

经济核算是指为获得最佳经济效益，积极利用会计、统计、业务等方面的核算方法，面向生产经营中的劳动、物资消耗和获得的成果，利用价值形式进行记录、计算、对比、研究，并积极挖掘增产节约的内在潜能与有效路径。体育场馆要履行好经济合同，承担经济责任，就要做好经济核算工作，并且积极建立经营核算制，以保障体育场馆的经营管理的有效性。体育场馆落实经济核算制度就是要运用多种经济杠杆对各项经营管理实践活动进行全面监督、核算以及统计分析，以提升体育场馆的经营管理效益。

第二节　体育场馆经营管理的发展状况

中华人民共和国成立后，我国开始积极推动各项事业的发展和建设，其中在推动体育事业发展方面也投入了很多的时间和精力，尤其是在建立综合性公共体育场馆上投入了很多资金。这些由国家投资建立、体育部门负责经营管理的体育场馆被当作体育领域中最大的资本存量库。这些体育场馆在经营模式方面饱经沧桑以及历史变迁，从刚开始的管制型管理模式到最后的经营型管理模式是我国综合公共体育场馆在经济体制转型过程中经历的最深刻的变化。

管制型模式的实施与当时的历史背景有着密不可分的关系。管制型模式和其他模式相比，最明显的特征是把垂直性的行政管理作为主要模式，有上下级关系，利用一种自上而下的行政命令与干预方法来完成对体育场馆的管理。这一管理模式在实际应用中是一种粗放型的经营管理模式，缺少自主经营的能力，其中的责任、权利以及利益纠缠不清，管理质量和效率很低。

为了解决这些实际问题和诸多困难，一种和市场经济体制相符的经营型管理模式开始产生并且快速发展起来。经营型管理模式的明显特征是在经营管理中主动引入市场机制，充分发挥市场机制的调节作用，积极推行市场化的运行方法，转变政府职能，实现管办分离。这样的经营模式获得了比较理想的运行情况与发展效果，很多体育场馆在这一模式下明显提升了经营能力和经营效率，逐步扭亏为盈，实现了经济效益以及社会效益的综合发展。

在进入 21 世纪之后，伴随体育场馆经营管理工作的积极推进和有关学术理论研究工作的深入开展，在国内不断萌发针对体育场馆运营模式的思考以及尝试，还引进了很多国外的管理方法与管理经验。相信这些探索和实践会积极助推国家体育场馆事业的发展，保证场馆经营管理的有效性。

一、管制型模式

（一）我国政府体育管理部门的沿革

中华人民共和国成立初期，我国向苏联学习，逐步构建起计划经济体制。在这种体制下，形成了高度集中的体育管理体制。其中，主管全国体育工作的机构是国家体育运动委员会。1952 年 11 月，依据《关于增设中央人民政府机构的决议》，中华人民共和国中央人民政府设立了国家体育运动委员会，简称国家体委，主管全国的体育工作。

1954 年 9 月，依据 1954 年《中华人民共和国宪法》和《中华人民共和国国务院组织法》，设置体育运动委员会。

1956 年 3 月，国务院常务会议批准的《中华人民共和国体育运动委员会组织简则》中规定："中华人民共和国体育运动委员会在国务院领导下负责统一领导和监督全国的体育事业，发展体育运动，以增强人民体质，培养人民勇敢、坚毅和集体主义精神，并向劳动人民进行共产主义教育和劳动卫国教育。"

1970 年 6 月，中共中央发布文件批准了国务院精简机构的方案。文件规定，国家体育运动委员会调归原中国人民解放军总参谋部领导。同年 9 月，原中国人民解放军总参谋部发出《批转国家体委军管委关于国家体委体制改革的通知》，国家体委改为国家体育局，调归原中国人民解放军总参谋部领导，对外仍保留中华人民共和国体育运动委员会的名称。

1972 年 2 月 19 日，国务院、中央军委发出通知，根据中央决定，将原调归原中国人民解放军总参谋部领导的国家体育运动委员会改由国务院领导，作为国务院的一个部级单位。

根据 1978 年第五届全国人大第一次会议的决定，1978 年 3 月设立国家体育运动委员会。

1998 年 3 月，国家体育运动委员会改组成立了国家体育总局。国家体育总局的主要职责如下：（1）研究拟定体育工作的政策法规和发展规划并监督实施。（2）指导和推动体育体制改革，制定体育发展战略，编制体育事业的中长期发展规划；协调区域性体育发展。（3）推行全民健身计划，指导并开展群众性体育活动，实施国家体育锻炼标准，开展国民体质监测。（4）统筹规划竞技体育发展，研究和平衡全国性体育竞赛、竞技运动项目设置与重点布局；组织开展反兴奋剂工作。（5）管理体育外事工作，开展国际以及我国港、澳、台地区间的体育合作与交流活动；组织参与和举办重大国际体育竞赛。（6）组织体育领域重大科技研究的攻关和成果推广。（7）研究拟定体育产业政策，开发体育市场；制定体育经营活动从业要求和审批程序。（8）负责全国性体育社团的资格审查。（9）承办国务院交办的其他事项。

（二）统收、统支、统管模式

中华人民共和国成立后，体育设施的极度匮乏使政府对体育设施的建设和管理极为重视。1955年，中华全国总工会颁布的《关于开展职工体育运动暂行办法纲要》中对体育场地、设备的修建、保管和利用做出了明确规定。体育场馆实行场馆长负责制度，这是由上级领导直接委任体育场馆长的一元化领导形式。国家对体育场馆实行统收、统支、统管的供给服务型的财政经济政策。体育场馆是各级体育行政部门下属的事业单位，也是国家财政全额预算拨款单位。

1980年，原国家体委、国家劳动总局等单位联合发出《关于充分发挥体育场地使用率的通知》文件，对公共体育场馆的管理办法进行初步改革，实行"全额管理，定收定支，差额补贴，结余留用"的财务管理办法。1983年，原国家体委在《关于进一步开创体育新局面的请示》中提出：一方面，努力提高现有场馆使用率，逐步配套，充分发挥其效益。另一方面，兴建供群众活动和运动队训练的简易场地。

二、经营型模式

改革开放以后，我国体育部门因体育场馆建设和管理的持续投入而日益感到压力倍增，开始积极探索改革措施。体育场馆逐渐尝试实行承包经营责任制。国家对体育场馆实行差额预算管理，主管体委和财政部门根据场地规模和数量对体育场馆定任务、定人员编制、定业务指标、定经费补助。体育场馆广开门路，自主开展多种经营，主要通过"体育搭台、经贸唱戏"的方式来自筹资金。

（一）体育行政管理体制改革

20世纪80年代初，全国体育工作会议讨论并总结了中国体育工作的经验教训，奠定了当时中国选择的以发展竞技体育为先导、带动体育事业全面发展的战略思想，也确定了当时中国体育改革的基本任务以及改革思路的出发点与落脚点。

1986年，原国家体委公布了《关于体育体制改革的决定（草案）》，涉及10个方面的改革内容，提出了54条具体改革要求。改革的基本框架是理顺、协调体委与有关方面及体育社团的关系，继续调整改革体委机构，建立运作灵活、高效的办事机构；健全各级体委，恢复、发展行业体协和基层体协，鼓励有条件的行业、基层和其他集体试办体育俱乐部；促进和协助各主管部门实现对各行业体育工作的领导，建立和完善各系统、各行业的体育联合会或体协，分别在有关部门的领导下开展体育活动；促进各级体委的职能转变，逐步实现由包办体育向"管""办"体育转变；发挥体总、体协和单项协会的作用，有些协会可办成半权力、半咨询机构，各级各类群众体育团体都要在各级体委或主管部门的领导下开展工作。

在建设社会主义市场经济体制的改革目标的指引下，在总结以往体育改革实践的基础上，1993年，发布《国家体委关于深化体育改革的意见》发布，确定了20世纪90年代至21世纪初体育改革的目标与任务。该文件提出20世纪90年代深化体育改革的总的指导思想是，按照党的十四大提出的建立社会主义市场经济体制的要求，着眼于体育体制改革和运行机制的转换，加速新旧体制的更替进程。

20世纪90年代的体育改革以体育社会化和产业化为改革方向，将体育与市场经济联合起来。1992年以后，行政机构和管理体制发生了重要的变化，即体育社团的充实和国家体育行政机构的精简。1993年，我国成立了14个运动项目管理中心，这在一定程度上促进了单项体育协会的实体化。1998年，原国家体委再次进行了机构改革，改组为国家体育总局，改组后的国家体育总局由国务院组成部门改为国务院直属机构。在这一阶段，国家开始重视体育的法治建设。1995年颁布的《中华人民共和国体育法》标志着中国体育开始步入法治化的轨道。此外，我国还颁布实施了《全民健身计划纲要》《奥运争光计划纲要及项目实施方案》《社会体育指导员技术等级制度》等相关文件。

（二）多种经营管理模式

1984 年，原国家体委在《贯彻执行〈中共中央关于进一步发展体育运动的通知〉的意见》中指出：要积极改善发展体育运动的物质条件，增加体育事业经费和基建投资；同时体育场馆要改善经营管理方式，提高使用率，讲究效益，实行多种经营，逐步转变成企业、半企业性的单位。

1986 年，国家体委公布了《关于公共体育场所应进一步改善经营管理积极向群众开放的通知》，指出要正确处理经济效益和社会效益的关系。

1986 年，国家体委在下发的《关于体育体制改革的决定》中指出："体育场馆要面向群众，面向社会，提高使用率，讲求社会效益和经济效益，在优先保证发展体育事业的前提下实行多种经营，由行政管理型向经营管理型过渡。"

1986 年，城乡建设环境保护部、原国家体委公布试行《城市公共体育运动设施用地定额指标暂行规定》。这个暂行规定首次对不同人口的城市公共体育运动设施的面积做出了较为详尽的规定。

国家体委于 1988 年公布实施的《全国体育先进县标准的细则》中进程提出，县一级要拥有公共的"两场""一池""一房"，从而推动了县级体育设施的兴建。之后，一些体育场馆尝试了多种经营管理模式，主要有主管单位自主经营、集体承包经营、个人承包经营、租赁经营、联合经营等，由此揭开了体育场馆管理改革的序幕。

1993 年，《国家体委关于深化体育改革的意见》提出，要逐步将有条件的体育事业单位推向市场，大多数公共体育场馆、训练场馆、新闻出版单位、科研和信息机构等事业单位要由福利型、公益型和事业型向经营型转变，有条件的可办成经济实体，实行企业化经营。各地、各单位在坚持体育改革基本方向和原则的前提下，要广泛学习借鉴世界各国包括资本主义发达国家的先进体育管理方法和经营方式，从自身实际出发，因地制宜，大胆尝试，探索多种多样的改革方式和途径。

1994 年，国家体委发布《关于公共体育场所进一步发挥体育功能、积极向群众开放的通知》，该文件指出，要正确处理好"社会效益和经济效益"以及"以体育为主和多种经营"的关系，在保证满足体育训练竞赛和群众体育活动的前提下可以开展多种经营活动，但不能因搞多种经营而损坏体育场馆结构或长期占用体育设施。

1995 年，国家体委在《关于公共体育场馆向群众开放的通知》中提出，要逐步探索出适应社会主义市场经济体制的群众体育社会化的新路子，在搞好社会效益的前提下，现有公共体育场馆原则上应免费向群众开放。体育场馆及设施可实行有偿服务，同时开展一系列配套的经营性服务活动，以方便广大人民群众参加体育健身活动。

1995 年，第八届全国人大常委会第十五次全体会议通过的《中华人民共和国体育法》规定，国家鼓励企业事业组织、社会团体和公民兴办与支持体育事业；公共体育设施应当向社会开放，方便群众开展体育活动，对学生、老年人、残疾人实行优惠办法，提高体育设施的利用率。

1996 年，国家体委在《关于深化改革加快发展县级体育事业的意见》中提出，公共体育场馆不应以盈利为目的，但可以实行有偿服务和部分有偿服务，不断提高服务质量，注重社会效益的产生。

第八届全国人大四次会议通过的《国民经济和社会发展"九五"计划和 2010 年远景目标纲要》中明确提出，要"进一步改革体育管理体制，有条件的项目要推行协会制和俱乐部制。形成国家与社会共同兴办体育事业的格局，走社会化、产业化道路"。

1999 年，国家体育总局发布的《关于加快体育俱乐部发展和加强体育俱乐部管理的意见》提出，要采取有力措施，积极扶持体育俱乐部的发展，在经过充分论证、明确产权、有利于运动水平提高的前提下，利用社会各方面的资金、人才、场地等条件，建立职业、半职业俱乐部。对群众利用公共体育场馆、公园、广场、河湖等场地设施常年开展体育活动并已形成相对固定人群的，应引导其向俱乐部方面发展并纳入社区服务的范围，以增强凝聚力，提高体育锻炼质量。对企业、个人等依法开办的为群众健身提供服务的企业性质的俱乐部，要进行指导和检查。

随着国家有关体育设施相关法规的颁布，地方政府或城市也相继出台了体育设施管理条例或办法。这些体育设施管理条例或办法一般鼓励国家机关、社会团体、企事业单位和个人以投资、捐赠、赞助等方式参与公共体育设施建设，允许利用公共体育设施开展体育性有偿服务活动，活动收入用于公共体育设施的维护和体育事业的发展。例如，

1994 年发布的《上海市体育场所管理办法》提出，公共体育场馆和非公共体育场馆可以开展适合本场所的体育性经营活动。1996 年发布的《武汉市体育场所管理办法》提出，向社会开放的体育场所可以开展体育经营活动，允许外国和我国港、澳、台地区体育团体及个人利用本地体育场所从事体育经营活动。此外，相关领域政策法规的出台对体育场馆改革也具有积极的指导作用。

三、对体育场馆新运营模式的探索

进入 21 世纪以来，随着国内体育场馆经营管理实践和学术研究的深入，在国内出现了对体育场馆运营模式的新思考、新尝试，也引进了国外先进的管理经验和办法，包括委托管理、合作经营、承包经营等多种形式。总体上，这些新的管理形式均保留了国家对国有体育场馆的产权，靠非政府机构对体育场馆进行更有效的市场经营活动。

（一）服务型政府的新思路

全能型政府的职能模式是计划经济的产物，是我国经济体制改革的主要对象。在计划经济条件下，政府通过指令性计划和行政手段进行经济管理和社会管理，政府是全能型的。政府扮演生产者、监督者、控制者的角色，为社会和民众提供公共服务的职能与角色被淡化。社会主义市场经济的完善要求政府把微观主体的经济活动交给市场调节，政府由原来对微观主体实施指令性管理转换到为市场主体服务上来，转换到为企业生产经营创造良好的发展环境上来。

长期以来，我国的体育行政部门往往忽略了体育公共服务的属性。体育行政部门集决策者、协调者和操作者三种角色职务于一身，垄断体育公共服务的提供，即使本身提供服务有困难，也要限制社会力量参与体育事业。

经过几十年的改革与发展，我国的市场经济体制已经逐步确立，建立与市场经济相配套的行政管理体制成为 21 世纪初的重要改革目标。

总体而言，我国体育行政部门根据国家社会经济发展规划的总体要求逐步确立了建设服务型政府的思路。所谓服务型政府，就是为人民服务的政府，用政治学的语言表述是为社会服务，用行政学语言表述就是为公众服务。服务型政府是在公民本位、社会本位理念的指导下，在整个社会秩序的框架中，把政府定位为服务者的角色，并通过法定程序，按照公民意志组建起来的以"为人民服务"为宗旨、以公正执法为标志并承担相应责任的政府。

（二）相关法规和国家政策

2001 年，国家计委《关于印发促进和引导民间投资的若干意见的通知》指出："除国家有特殊规定的以外，凡是鼓励和允许外商投资进入的领域，均鼓励和允许民间投资进人；在实行优惠政策的投资领域，其优惠政策对民间投资同样适用；鼓励和引导民间投资以独资、合作、联营、参股、特许经营等方式，参与经营性的基础设施和公益事业项目建设。"

2001 年，国家计委发布《"十五"期间加快发展服务业若干政策措施的意见》，指出要积极鼓励非国有经济在更广泛的领域参与服务业发展，放宽外贸、教育、文化等行业市场准入的资质条件。

2002 年，建设部发布的《关于加快市政公用行业市场化进程的意见》要求，以体制创新和机制创新为动力，以确保社会公众利益、促进市政公用行业发展为目的，加快推进市政公用行业市场化进程，引入竞争机制，建立政府特许经营制度，尽快形成与社会主义市场经济体制相适应的市政公用行业市场体系。

2003 年，国务院公布的《公共文化体育设施条例》规定，公共文化体育设施管理单位提供服务可以适当收取费用，收费项目和收费标准应当经县级以上人民政府有关部门批准。需要收取费用的公共文化体育设施管理单位，应当根据设施的功能、特点对学生、老年人、残疾人等免费或者优惠开放。公共文化体育设施管理单位的各项收入，应当用于公共文化体育设施的维护、管理和事业发展，不得挪作他用。条例还对临时出租做了具体规定。同时，国家鼓励企业事业单位、社会团体和个人等社会力量投资公共文化体育设施。国家鼓励通过自愿捐赠等方式建立公共文化体育设施社会基金。该条例的颁布对促进体育设施的建设、管理和保护，明确公共体育设施的功能，繁荣体育事业以及满足人们的体育需求起到了法律保障作用。

2006 年，国务院办公厅转发国资委制定的《关于推进国有资本调整和同有企业重组的指导意见》提出，要进一步推进国有资本向关系国家安全和国民经济命脉的重要行业和关键领域集中；加快国有大型企业股份制改革，完善公司法人治理结构，大力发展国有资本、集体资本和非公有资本等参股的混合所有制经济，实现投资主体多元化，使股份制成为公有制的主要实现形式。强调要加强国有经济的控制力、影响力、带动力，发挥国有经济的主导作用。毫不动摇地鼓励、支持和引导非公有制经济发展，鼓励和支持个体、私营等非公有制经济参与国有资本调整和国有企业重组等。

因为市场准入壁垒的存在，大量民间资本不能进入体育公共服务领域，包括体育场馆建设，这导致了资源浪费现象。以体育竞赛产品的生产为例，其延续了政府管制型经济模式，行政部门与生产经营单位边界模糊、利益混淆，理应实体化独立运作的事业部门和体育协会社团还没有彻底从政府中剥离出来。大量优秀赛事的举办权归政府所有，专业运动员、体育场馆等重要生产要素的供给由体育行政系统控制。赛事产品实行计划供给，每年赛事产品供给的数量和类型由行政部门决定。市场机制对包括资金、专业生产者在内的体育资源的配置无法起到基础性作用，所谓市场机制的引入也仅仅停留在借招商引资拓宽资金投入渠道阶段，体育竞赛市场难以获得实质性的发展。

在体育行政管理中，政府存在着既包揽公共产品的生产，又通过政府规制、行政审批、税收和财政补贴等现象，保护公共部门在公共产品领域中的"垂直一体化"垄断，并由此衍生出各部门权力过大、考虑本部门利益较多而影响体育公共服务质量的现象。例如，上海的体育行政管理工作由于部门利益的原因，保留了计划经济时代事业单位的基本模式，也存在部门分割、各自为政、局限于部门利益等问题。目前的上海体育公共服务被分割成若干个部分由主管部门负责，如城建居民小区配套建设体育场地设施的用地指标主要是由相关部委制定的，涉及《中华人民共和国城乡规划法》（2019年第二次修正）。《中华人民共和国城市房地产管理法》（2019年第三次修正）等相关法规。一方面，没有将监督机构与管理机构严格划分开，缺乏对不执行城建居民小区配套建设标准的行为实施惩戒的法律措施，使公民的体育权利得不到保障；另一方面，公共服务规划的制订也是由各部门自己提出方案，没有从整体上统筹规划各地区的公共服务资源和整合体育公共服务资源，影响了上海市体育公共服务业的发展。

第三节　高校体育场馆经营管理模式

体育运动在国外是一种备受关注的实践活动形式，其开展也非常普遍，所以在国外不管是学校体育场馆还是社区开设的体育场馆都已经建设得比较完善。比如，美国的标准社区体育中心设有室内以及室外的运动场地，能够组织开展很多种类的运动，在一些条件比较好的城市，社区体育中心还设置有骑马、飞行、滑翔等综合性体育设施。大部分社区体育中心都面向公众免费开放。

纵观我国的体育场馆发展情况，因为长期以来，很多学校和企事业单位建立的体育场馆都是主要用在本单位的体育活动和体育训练中，所以会在早晚、双休日以及节假日时出现体育场馆闲置的问题，导致体育场馆中诸多设施和器材不能有效发挥其作用，政府投资效益无法得到有效体现，而且会影响公共体育资源的优化配置与资源共享的实现。面对此类体育设施，选用封闭性的管理方法将会阻碍城市体育设施建设以及合理规划，不能让社会大众的体育健身需求得到充分满足。

目前，我国高校普遍建有一定面积的体育场地，这些场地中大部分属于中小型场馆，其建设和存在的主要目的是满足高校内部学生上课和专业体育训练的实际需求。高校中的大型体育场馆大多是在篮球场馆基础上兼顾其他球类场馆功能而建立起来的一种体育综合场馆。不过在体育综合场馆的具体应用中，因为配套设施条件或者经营管理制度方面存在的不足，这类场馆能够发挥的作用是非常有限的，主要是用于组织学校大型活动或者举办一些地区运动会，真正可以承办全国甚至国际竞赛的体育场馆数量极少。

但是，就人力资源以及信息资源而言，高校体育场馆还是存在诸多优势的。

截止到 2022 年年底，我国人口的社会体育指导员占比和一些发达国家相比有极大差距。但是在我国，即使是一所在校学生人数达到万人而没有建立专门体育院系的高校，其体育教师数量也大致有 30 人，还配备了一定数量的管理人员，且大部分体育教师属于本科及本科以上学历，同时学科专业比较全面，部分教师还具备很高的运动训练或者科研水平。除此以外，还有一些高校设置有专门的体育院系，体育专业所培养出来的学生通常也拥有极高的专业素质和能力。即使是没有设置体育专业的高校也大部分建立了专门的体育社团，还有些高校建立了体育俱乐部，社团或者俱乐部中的体育骨干人员也拥有较高的运动能力以及运动素养。由此观之，高校体育的人力资源不管是在数量方面还是在质量方面都是有显著优势的。

就体育信息资源而言，不论是组织开展多种形式和不同内容的体育实践活动，还是推动体育事业的发展，都要有大量的信息作为必要支持，包括有关个人科学健身与训练的信息、和体育组织运营管理相关的信息、和法律法规相关的信息、和体育比赛相关的信息等。高校体育在发展过程中已经形成了一套体育教学、训练与组织上的基本经验与模式。广大体育教师拥有丰富的体育理论知识以及实践能力，学校体育组织也拥有较丰富的管理实践经验，体育部门、社团等对国家有关体育方针政策、体育赛事动态情况等信息的理解与掌握也有着较高的水平，同时可以借助体育课堂教学、学术讲座、校园新媒体等手段完成信息的及时宣传与报道，这些都是重要的发展优势。

总而言之，高校体育在场馆设施、人力资源以及信息资源等方面存在着极大的优势，这些优势资源不仅能够为高校体育服务社会提供必要的物质条件，还能够丰富其服务内容。

学校的各种体育场地设施在确保学校教育教学工作能够顺利开展的前提下，面向全社会进行开放经营如今已经变成了国际通行的做法。美国、法国、日本等国家还专门制定了有关法律法规，指出全部设施包括学校设施都需要进行科学合理的利用，并且要注意面向广大使用者开放，强调只要是属于国家与地方的运动场所与设施，都需要面向公众开放。我国这方面的工作虽然起步相对较晚，在这一领域也没有积累很多经验，但是颁布了很多法律法规以指导高校推进体育场馆的开放，从而为群众参与体育实践活动提供便利。这些法律法规以及相关文件主要包括《中华人民共和国教育法》《中华人民共和国体育法》《关于公共体育场馆向群众开放的通知》《中共中央关于进一步发展体育运动的通知》《全民健身计划纲要》《公共文化体育设施条例》等。另外，很多地方也制定了针对地方学校体育设施开放的通知和管理类文件，要求学校体育场地应该在节假日以及寒暑假期间向学生和社区居民开放，在不影响教育教学的前提下，拓展和丰富体育场馆的功能。

从实践情况来看，随着高校体育场馆对外开放经营的积极推进，近几年高校体育场馆已成为满足社会公众体育健身需求的一个重要场地。因为居民就近以及场地类型多等优势，高校体育场馆的实用价值远远高于城市的公共体育场馆。而且高校拥有比较完备的体育设施，拥有丰厚的人才资源，促进体育场馆的全面开放，积极利用好各个方面的优势资源能够更好地凸显高校体育资源价值，还能够缓解社会体育场馆数量不足和质量相对较低的问题。

高校体育场馆在具体的经营与管理中选用的经营方式多种多样，当然不同的体育场馆也会根据自身需求进行一定的调整。这些经营方式可以分成七种形式，分别是学校体育部门经营、学校非体育部门经营、集体承包经营、个人承包经营、租赁经营、联营和多种方式混合经营。

高校体育场馆在对外开放经营中也有很多实际问题，主要体现在以下几个方面。

1.整体管理较为松散。学校的主要职能是做好教学工作，常常无法腾出更多的时间和精力用于体育场馆的对外开放经营，而且要安排更多的专职人员做好场馆开放管理工作也常常是不太可能的；进入学校进行体育活动和休闲健身的人员具有很大的流动性，进出时间也不确定，常常没有办法从整体上了解这些人员的实际情况，也无法实现全面监控；如今政府并没有出台相关的法律法规与管理政策，在处理体育场馆对外经营工作中出现的问题时，往往没有完善的政策和法律法规作为根本依据来解决问题。比如，群众在体育锻炼中产生意外人身伤害问题之后常常会导致学校和锻炼人员出现纠纷，不仅会扰乱学校的教学秩序，还无法保障学校的利益，这对学校良好形象的塑造和未来的发展都是极为不利的。

2.支出负担明显增加。高校体育场馆以免费形式向社会公众开放，或者只是收取极少的费用，为普通群众参与体育实践活动和休闲娱乐活动提供了良好的机会与平台，深受人们欢迎和好评。从学校立场来看，管理者的工资、设备维护管理方面的费用、水电费等支出是非常沉重的负担，而这些负担和压力也在很大程度上消耗了学校体育场馆对外开放的热情。

3.存在一些安全隐患问题。通过实践调查发现，学校方面反映出的重点问题是学校安全保障。一是学校的财产安全，二是人身安全。财产安全有塑胶跑道等场馆设施安全、校园绿化环境安全等。人身安全则主要指的是学生人身安全的保障问题。从根本上消除安全隐患，是真正做好学校体育场馆开放工作的关键。

如何解决上面所提到的突出问题需要政府以及学校进行积极协商。如今，北京、上海、广东等地相继推行立法工作，或者颁布一些政府文件，积极推动学校向广大社会群众敞开体育健身大门，在相关规定中指出学校体育场馆对外开放的具体程序与考核方法，同时也在不断完善开放方式与管理策略，用来保障双方正当权益不受侵害。体育场馆的开放时间是每日早晚、节假日、寒暑假。开放范围是向学生、社区、单位、全社会开放。开放的方式有免费形式，也有有偿形式。

当前的高校体育场馆运转状况，普遍反映是比较好的。

在 20 世纪 90 年代末，高校组织开展的有偿服务类型主要涉及出租体育场馆、出租体育器材与设施、销售体育用品、提供青少年训练与培训、提供裁判服务等。

不过从整体上看，这些体育场馆的应用形式还是比较单一的，以直接利用为主。

而伴随时代的进步和全民健身计划的全面落实，开始有更多的人主动投身于健身运动。因此，高校体育场馆面向社会公众实施开放经营，形成了一种重要的双赢模式，既让体育爱好者有了合适的运动场地，又可以通过适当收费的方式，确保体育场馆能够维持日常的维护管理与经营创收工作。

高校体育场馆要在具体的运营中避免产生场馆原始使用者以及社会使用者之间的矛盾。

从理想的状态来看，高校体育场馆需要向广大学生和社区居民开放，不过在具体的操作中，因为场馆要面向的使用者数量大，但是场馆的设施有限，所以会在很长的时期内对学生与社区居民收取一定的费用。目前的常用方法是针对不同使用者与时间段设置差异化的收费标准。此类场馆应该首先确保满足学生与广大社区居民对场馆及各种设施和器材的使用需求，应该把体育场馆商业化运营以及获得一定的经济效益放在第二位。怎样真正避免此类场馆陷入过度商业化经营局面才是场馆管理者需要重点关注的问题。另外，要控制好体育场馆的使用人数，可以采取办卡的方法进行控制。

总而言之，高校在体育场馆的经营与管理中走上一条产业化的发展道路，不应该把盈利作为主要目的，而应该把以教学为主和以创收为辅的原则落到实处，并且以此为前提条件，积极落实"以体为主、多种经营"的指导方针。所以，不同于社会公共体育场馆，高校体育场馆面临的任务是多重性的，不可以为了获取经济利益影响到教学以及训练等基本任务的完成，当然也不能紧闭大门，只是依靠学校与国家给予的经费支持来维持生存。高校在管理体育场馆时要做到立足整体，科学规划与布局，做好统筹安排。

首先，在时间安排上必须选好侧重点。就时间段而言，学生在双休日、节假日以及寒暑假时对体育场馆的应用非常少，这段时间又正好是社会公众比较集中的体育休闲和体育锻炼时间。所以，高校体育场馆这时向社会开放在时间上能够避免冲突问题。就具体时间而言，学生主要在上午、中午以及下午占用体育场馆。社会公众在早晨、下午以及晚上这段时间集中应用体育场馆。所以，在下午常常会出现时间上的冲突和矛盾，因此要做好对下午时间的合理安排。

其次，向社会公众开放的体育运动项目必须有所侧重。学生通常比较青睐一些室外体育项目，如篮球、足球、乒乓球等，所以所选择的体育场地通常是室外的场地。社会公众通常喜爱网球、游泳、羽毛球等体育项目，这些项目通常在室内或者在室外都能够开展。所以，高校可以只针对篮球、网球、乒乓球、游泳等项目实施有偿开放，并且限定专门的体育场馆开展这些体育活动。这样就能够在很大程度上解决学生与社会公众在场地使用方面的矛盾与冲突，尽可能让他们的需求都能够得到满足。

最后，高校还可以立足自身实际，做好对体育场馆开放时间与项目内容的安排。在安排过程中要立足整体，有全局意识，做好科学的规划以及恰当的布局，实现统筹安排，只有这样才能充分挖掘体育场馆的自身功能以及应用潜能，实现资源的优化配置，获得良好的社会效益与经济效益。

第五章 高校体育场馆的经营管理与运作形式

第一节 高校体育场馆的管理理念

科学完善的管理理念可以为企业的稳定持续发展提供有效动力，对于高校体育场馆来说同样如此。体育场馆要想在激烈的市场竞争中脱颖而出，有效适应市场环境并且获得良好的经济效益，就必须确立符合场馆自身发展特征与发展规律的理念，只有这样才能够真正在市场经济浪潮中站稳脚跟。高校体育场馆管理理念是指在场馆市场运作当中发挥指导作用的思想，而这样的管理理念也是场馆在经营发展当中要坚持的重要准则。换句话说，管理理念为体育场馆的经营管理与有效运作奠定了坚实的根基，指出了场馆发展与建设的方向，其存在的重要价值是保证场馆适应激烈的市场竞争环境，并在市场的运营发展中获得良好的经济效益。与此同时，做好场馆管理理念的优化设计也能够帮助高校妥善处理与体育消费者、竞争者乃至整个社会间的复杂关系，从而推动体育场馆的良性发展。

高校体育场馆要立足体育市场，并且从中取得经济效益，实现经营管理的价值，只是拥有恰当的管理理念还是不全面的，在此基础之上市场营销理念和管理理念必须进行密切配合，进而产生良好的整体效应，推动场馆的持续性发展。因此，高校体育场馆在积极推动市场化运作的进程中必须向市场中的企业单位学习，积极树立科学的营销理念，以便满足经营管理工作的实施要求。具体来说，高校需要在场馆经营当中树立以下几个重要理念。

一、以人为本的管理理念

在市场经济这个复杂而又残酷的环境之下，市场遵循的是优胜劣汰和适者生存的法则。企业也应始终把客户当作上帝，强调将消费者利益放在首位。假如消费者没有需求，那么企业就不能在积极满足消费者需求的过程中获得发展，只有真正满足消费者需求并符合他们的利益诉求，才能够让企业从中获取经济效益。高校体育场馆既要满足体育消费者对于各种体育服务的实际需求，又需要在场馆有偿开放工作的实施过程中，在项目与价格上迎合消费者的消费习惯，并且避免超出他们的经济承受力。

因此，高校体育场馆的管理以及经营者必须积极选派相关人员了解和调查体育消费者的实际需要，归纳并总结出他们在消费当中的具体特点，以便做好体育产品与服务的设计工作。体育场馆需要严格依照消费者需求和特征开展体育经营，并在此基础上完善管理方式以及经营策略。高校体育场馆和社会体育场馆是有很大差异的，最为明显的差异体现在高校体育场馆在组织开展对外活动时必须要考虑到活动的实施是否会对学生产生影响，是否会影响学生的学习和教师教学工作的顺利展开，进而避免为获取经济效益而影响教学秩序和教学质量。

二、树立经济盈利的理念

对于高校体育场馆来说，要想实现持续经营和在经营中产生强大的竞争力，仅仅拥有教育经费是远远不够的。通过对很多高校经费情况进行调研，我们发现虽然国家每年都会给学校划拨一定数量的经费，但是这些经费只有极少部分被分配和应用到了体育场馆发展上。因此，在当今的市场环境之下，高校体育场馆必须秉持经济盈利的思想理念，获取一定的经济效益。在过去很长的一段时间里，因为高校体育场馆被定义成服务社会的公共场所，所以人们更加关注的是场馆社会效益的实现，极少会关注到场馆的经济效益。这样的情况虽然促进了场馆社会职能的发挥，但是制约了场馆在市场经济条件下的发展，也阻碍了高校的长远发展。高校是公共事业单位，要想获得发展，就要有充足的经费作为必要支持，虽然国家能够给予一定的资金支持，但是不可能做到面面俱到。所以，高校体育场馆必须努力进入市场，步入市场运作系统之中，这样不仅自身能够获得良好发展，还可以让高校获得经济效益。当然在这一过程中，也需要特别注意一点，就是在树立经济盈利理念的同时还需要兼顾消费者的需求，考虑到他们的实际需求以及经济承受能力，最终实现双赢目标。

三、树立市场营销的理念

市场营销理念是指以市场为出发点，将消费者作为中心的经营理念。市场营销理念和其他的经营理念相比具有以下几个突出特点。

1. 将广大体育消费者的需求放在中心位置，积极推行针对目标市场的营销工作。

2. 把多重市场营销整合起来，持续满足体育消费者日益发展和不断变化的需求。

3. 坚持整体产品观念，积极推动新产品的研究和开发工作，使体育消费者的整体需要得到切实满足。

4. 通过迎合消费者的实际需求，保证企业从中得到良好的经济效益。

5. 市场营销部门是对企业生产经营活动进行协调指导的中心。所以，高校体育场馆必须坚持市场营销观念，对整个市场环境以及发展趋势进行积极把握，而市场营销观念的确立需要高校体育场馆在经营发展过程中全面服务于消费者，主动为消费者提供服务，满足他们的实际需求。只有在消费者满意的前提条件之下，才可以吸引更多的消费者，进而增加经济效益的来源。

四、高校体育场馆要树立全局观念

竞争是市场经济最为根本和突出的特点，只有存在竞争才能促进发展，在竞争中发展也是一条客观规律。在市场经济的浪潮中，企业为了获得各自的利益，为了得到更多的资源而展开竞争，并凭借竞争优胜劣汰，对市场中的各项资源进行合理配置。所谓全局观念，实际上就是要拥有大局意识。高校体育场馆战略目标以及战略方向的确定将会直接影响场馆的生存发展，因此高校体育场馆要想在市场当中立足，扩大市场影响力，就必须将全局观念贯穿到经营管理的全过程，遵循市场规律，用积极乐观的态度面对激烈的竞争，并在和对手的竞争之中了解自身存在的缺陷和不足，积极调整发展步伐和经营战略，最终确定既能够适合市场又符合高校场馆发展实际的营销战略体系。

五、高校体育场馆要有创新的意识

创新与民族、国家的生存和发展息息相关，没有创新，国家也会丧失持续前进与发展的动力。创新与社会的各个方面密切相关。在当前这样的社会环境和国家发展背景下，高校体育场馆要想获得发展就必须把创新作为根本，并且把场馆引入市场中，必须彻底改革传统的管理理念，进行理念的创新，并且树立创新意识以更好地适应市场。当然，高校体育场馆要进行创新，不能过度局限于某个方面，也就是说创新应该来自多个方面，在各个方面进行全面创新，把继承和创新整合起来。这里所提及的创新涉及的内容包括创新管理思想、创新体育项目、创新营销方案等。

第二节　高校体育场馆经营管理任务

确定高校体育场馆的管理任务以及目标是场馆开展所有经营实践活动的必要根据与根本方向。体育场馆的经营管理实践活动也是由管理任务以及目标决定的，简单来说，只有在明确目标与任务的前提下，才可以推进经营活动的实施，才能够让场馆在经营管理当中获得经济效益，否则一切都无从谈起。因此我们在管理体育场馆的过程当中必须对场馆管理的任务和目标进行科学规划以及合理设计，为场馆未来的发展建设奠定坚实的基础。

一、高校体育场馆经营管理的目标

（一）为消费者提供全方位的服务设施

在步入 21 世纪之后，社会经济迅速腾飞，人们的经济能力和物质生活水平也在持续提升，但同时人们生存发展所面对的压力逐步增大，多种疾病频繁出现，在这样的情况下，人们越来越关注体育活动，越来越认识到体育锻炼的重要性，也渴望通过参与体育活动来缓解巨大的身心压力，积极提升身体素质。在这样的背景下，人们的体育需求逐步增加，还有不少人把体育锻炼当作生活中不可或缺的内容。人们对体育活动的思想观念与行动的转变为体育产业的发展进步带来了生机与活力，也是在这样的条件下，社会以及高校体育场馆都拥有了极大的发展机会，促进了体育产业的迅速发展。通过对过去和现在的体育场馆消费情况进行对照研究，我们能够清楚地看到当前人们对参与体育实践活动的兴趣在增加，这是一个重要的发展机遇，也是高校体育场馆获得发展的突破口。高校体育场馆必须抓住机遇，积极利用自身的发展条件和优势资源，转变传统的思想观念，广开思路，另辟蹊径，积极创新和完善体育项目活动，提供优质的体育产品与服务，让广大体育消费者的需求得到更好的满足。

（二）扩大高校体育场馆的经济效益

就目前而言，高校发展建设的资金来源是比较单一的，即只有国家拨款支持。但是因为我国人口基数大，高校数量庞大，国家对教育的支持是有限的，常常无法兼顾到每个高校。于是在经济条件的约束和影响之下，高校在体育场馆建设过程中常常会面临资金短缺的问题，这使高校体育场馆的长期发展建设受到了严重影响。很多在早期阶段建成的体育基础设施已经没有能力满足体育教学活动的实施要求，这限制了高校学生身体素质的提升。高校体育场馆要想在市场当中赢得更大的消费群体，仅仅依靠国家的资金支持是不现实的，而且不能满足实际需求。高校必须积极改革发展观念，并对传统的发展模式进行全面创新，从被动发展和被动管理转变为主动、积极的运营管理，尤其是要注意引进创新型的管理思想与发展模式，拓宽体育场馆建设资金的来源，在减轻国家财政负担的同时弥补高校在体育场馆发展建设当中存在的资金不足的缺陷。

（三）提高高校体育场馆的利用率

过去，人们对身体健康的重视程度很低，各种体育场馆的设施也非常简陋和落后，人们很少会去体育场馆进行一定的体育锻炼。这种情况带来的一个直接后果就是社会体育场馆的经济效益不佳，发展受阻，同时高校体育场馆除了满足正常教学需要之外，也不存在其他应用价值。现在，高校体育场馆在积极开放和进行对外经营的进程中显现出的矛盾和问题逐步增多，如高校的体育场馆并没有设置专门的管理者，管理理念以及所选择的管理模式都非常落后。假如以上问题无法得到妥善解决，尽管高校的体育资源能够进行一定程度的应用，但是由于这些因素无法改变和得到优化，仍然将会给高校体育工作的长远发展带来不良影响。面对这样的情况，高校体育场馆在经营和发展过程中可以积极借鉴企业的管理模式，在保证体育场馆所有权归属高校的前提下建立专门的体育场馆管理中心，由管理中心负责对高校体育场馆进行科学化管理。这样的工作方式不仅能够让高校更好地投入体育教学活动，推动体育教学的长远发展，还可以在场馆经营中获得经济利益，使高校所拥有的优势体育教育资源得到科学有效的利用。

二、高校体育场馆经营管理的任务

（一）开展多种体育经营项目活动

做好高校体育场馆的经营管理，通常情况下就是服务于体育消费者，让他们的体育运动需求得到满足。由于体育项目活动会受到诸多因素的影响，还有明显的时间性与周期性特征，再加上不少体育项目有着鲜明的季节化特征，因此高校体育场馆常常会有闲置的情况发生，而无法发挥其自身的服务能力。所以，高校体育场馆经营管理需要在确保服务体育运动的同时利用好闲置时间，避免各项资源的浪费，开展多元化的体育经营活动，为广大体育消费者提供体育活动外的其他服务，拓展体育场馆的功能与价值。

（二）满足体育消费者的需要

高校体育场馆要进入市场当中，达到市场化经营发展的目标，需要坚持的首要工作原则是服务于体育消费者，这也是场馆基本职能的直接体现。因此，高校体育场馆必须组织开展多种多样的体育实践活动，在确保运动员完成训练任务的同时，积极组织开展多种多样的运动竞赛、体育表演、体育实践活动等，让广大体育消费者的消费需求得到充分满足。

（三）提高体育消费者的运动技巧与能力

体育锻炼拥有多种不同的项目类型，部分项目需要体育消费者拥有相关的体育锻炼技巧，如羽毛球、篮球等运动项目需要有相应的羽毛球技巧与篮球技巧才能够保证项目活动的顺利实施。体育场馆中的各项体育项目通常都需要参与者拥有一定的锻炼技巧，除此以外，还有不少的体育设备与器材拥有一定的科技含量，所以在对其进行应用时一定要严格依照相关规范合理应用。假如使用方法不合理，或者没有按照相关规定进行操作，不仅会危害体育参与者的身心健康，还有可能损坏体育设施和器材，造成一定的经济损失。

对于初次到高校体育场馆消费的人群来说，有很多从表面看比较简单和难度较小的体育项目在具体操作时却需要用到很多的技能、技巧。因此，为了避免在体育活动实施过程中出现安全事故，减少对各项设备和器材的损害，同时确保获得良好的运动效果，需要有专门的场馆服务人员为消费者提供服务与指导。健身房的很多运动器械与设备设施构造非常复杂，而且不同的器材、设备的复杂程度也各不相同，特别是进口设备，如由计算机控制的健身自行车与跑步机等都要在掌握相关技巧的前提条件下才能操作。

（四）为体育消费者提供安全的运动环境

体育活动组织开展最为重要的目的是提升人们的身心健康水平，但是在具体的体育锻炼活动中常常会出现很多不可控的因素，进而发生危险。因此，高校体育场馆在对外开放服务于社会体育消费者的过程中除了要让体育消费者的体育项目活动要求得到满足以外，还必须积极创造条件，为他们提供安全的体育训练环境，并且保证活动和环境的舒适度，落实安全管理原则。

不管是哪种体育活动，在具体实施过程中均有可能存在不安全因素和隐患，如在羽毛球运动中如果不注意，有可能会出现摔伤和滑倒的情况；在篮球活动中常常会出现碰撞，进而摔倒碰伤等问题。面对这种情况，场馆的服务人员必须对体育消费者在活动中的情况进行时刻关注和积极管控，做好安全问题的提醒工作，特别是要指导体育消费者按照安全规范来参与相关活动。同时，要对服务人员进行一定的医疗卫生知识培训，使他们在遇到安全事故或者是突发问题时能够冷静处理，做好相关事项的安排。另外，高校体育场馆需要做好对体育器材设备的定期检查工作，评估各项器材和设备设施的使用情况，并注意结合客流量对存在损耗的设备进行适当的更新，做好对体育锻炼器材的维护和修理工作，避免出现一些安全风险，最大限度地减少安全隐患。

如果场馆管理者忽视了器材设备的维修保养工作，锻炼者很有可能在参与活动时受到身体伤害。一旦出现安全事故和伤害问题将会严重影响高校形象，导致客流量迅速减少，阻碍体育实践活动的有序开展，也会影响到高校的经济效益。所以，体育场馆在经营与管理当中必须把减少和避免不安全因素作为重要工作任务，降低安全事故的发生概率，让广大体育消费者在一个安全的环境下锻炼，以满足他们的安全需求。

三、高校体育场馆的运作方式

高校体育场馆具体可以选用的运作方式多种多样，不过由于高校体育场馆承担着教学方面的重要任务，极有可能会和场馆经营者出现利益方面的冲突，这些冲突也会对体育教学工作的有效实施产生不良影响。根据这种情况，高校体育场馆在选择与确定经营与运作方式时必须慎重，做好充分而全面的考虑。

（一）合作经营

合作经营指的是高校体育场馆把场馆当中的基础设施当作投资，校外的其他投资者以资金、设备、管理等作为投资，双方进行合作经营，共同推进体育业务的发展。合作经营的模式最为显著的特征就是通过和校外投资者的密切合作解决场馆在经营发展中缺少资金与管理经验等实际问题。采用合作经营策略，通常情况下会把盈利收入依照股份制形式划分比例，然后按照比例分红。合作经营的双方用有限责任公司的组织方式确定经营管理中的风险与收益问题，所以这样的经营方式会推进利益共享以及风险共担机制的建立。

校内外投资者的合作经营拥有明显的优势，特别是有助于保证双方优势价值的发挥，真正做到扬长避短和取长补短，也能够为经营的各种体育项目带来更大的竞争力。高校体育场馆拥有比较完善的体育基础设施，还在人力资源方面拥有很大的优势，但是缺少资金以及管理上的经验与技能，而校外投资者有资金和管理经验等方面的优势，因而两者合作是确保体育场馆在市场经济环境中站稳脚跟和获得一定竞争优势的不二选择。

（二）直接经营

直接经营的含义是高校自己组建部门对体育场馆的各项实际活动进行经营管理。直接经营管理模式对高校体育场馆的发展和场馆作用的发挥来说是有明显优势，尤其是能够确保高校对体育项目的直接开发，不仅能够节约资源，还可以根据实际情况对资源进行统筹协调与合理规划，最终促进资源的优化配置以及科学利用。高校采用直接经营模式能够促进经济效益与社会效益的最大化。选用直接经营模式高校体育场馆的经营管理就能够避免与正常的体育教学出现冲突，确保体育教学有条不紊地开展，高校本身的核心任务就是要满足教学需要。除了上面所提及的优势外，直接经营的模式也存在一些不足，如在前期的经营管理当中要有大量资金作为必要支持，但是因为高校资金来源渠道单一，资金短缺，所以能够投入体育事业当中的非常有限，常常会导致体育场馆因为缺少流动资金的支持而不能快速地启动各种经营项目。

不过通过立足整体进行分析和研究，我们能够清楚地看到高校体育场馆选取直接经营的模式，其优势是大于劣势的。虽然高校体育场馆刚步入市场环境，在市场运作方面缺少经验，管理制度也不完善，开展经营工作有很大的难度，但只要经营得当，是能够积极推动高校体育场馆发展建设的，甚至还能让高校整体获得更好的发展机遇与发展前景。不管高校最终要确定怎样的经营方式，都要考虑到实际情况，做到具体问题具体分析、因地制宜、因时制宜。

（三）承包制经营

承包制经营是高校体育场馆和校外经营者签订合同，把各项设施用承包形式让出经营权，进而取得经济效益的一种运作模式。目前的承包制经营主要有两种方式。

1. 整体承包经营

整体承包经营指的是高校积极寻求拥有一定实力的校外经营者，然后通过缴纳承包费用的方式，实现对体育场馆的整体经营。不过这样的承包经营方式存在较大弊端，特别是容易出现价格垄断问题。

2. 分项目承包经营

分项目承包经营是高校将体育场馆的不同设施与不同项目分隔开来，然后交给多个经营者进行经营，从而获取经济效益。这样的承包经营方式可以形成较大的竞争，但是因为划分的模块相对较多，会影响到场馆的整体利用。

选用承包制经营模式，高校可以运用招标以及协商等多元化的方式完成对外承包工作。在各种条件都比较成熟的背景之下选用招标要更好一些，招标不仅能够体现市场的真实意图，还能在很大程度上避免幕后交易问题的出现。高校在体育场馆的经营发展当中选用对外承包的方法有很多优势，主要体现在会降低体育场馆管理的难度，在确保管理轻松的同时，还可以获得较为稳定的收入，还可以更加专注于学校教学工作。不过这种方式也存在一定的缺陷，那就是高校失去了对体育场馆的经营控制权，常常无法对承包者的各项经营行为进行全面规范以及监管。假如承包者出现了违法违规行为，就会造成严重的纠纷，其中产生的很多矛盾常常无法得到有效协调，虽然可以依据合同进行处理，但是合同当中的条款有时也不是面面俱到的。

（四）委托经营

委托经营的含义是在不影响体育场馆所有权以及功能定位的前提下，委托经营单位对体育场馆进行经营。运用这样的经营方式，不仅能够助推体育场馆功能的发挥，还能大大解决高校在资金方面存在不足的问题。高校只需提供体育场馆等设施而不必考虑经营方面的问题。这样的经营管理方式同样会降低管理难度，使学校的工作变得更为简单。当然，委托经营也有一定的风险，如受托人选择不当可能达不到经营目标等。

第三节　高校体育场馆管理制度

高校在对体育场馆进行经营管理的过程中，严格依照一定的经营管理制度开展各项活动是至关重要的，这样才能确保各项经营管理活动有法可依，同时能够确保体育场馆的管理秩序。高校体育场馆的经营管理制度主要包括以下几个方面。

一、高校体育场馆的综合管理制度

高校体育场馆的综合管理制度通常情况下是由高校领导部门设计制定的，相关部门在制定完成之后会以规范性文件的形式将制度公布出来，并积极采取相关措施促进制度落实。高校体育场馆综合管理制度所代表的是高校对体育场馆的管理，因而拥有极高的权威性。管理制度主要由体育场馆的管理原则、工作流程、部门职责等内容构成。伴随着高校体育场馆开放程度的提升以及人们对其开放需求的增加，不少高校都在极力推动高校体育场馆综合管理制度的构建，并在制度建设当中取得了一定的成果。

二、高校体育场馆的专项管理制度

要经营好高校体育场馆有很大难度，而且高校体育场馆经营和社会体育场馆经营有很大差别，不能将二者相提并论。高校体育场馆存在的最主要目的是为高校学生体育教学提供服务，所以说高校即使推广体育场馆的对外开放也必须遵循一个前提条件，即体育场馆的对外开放不会对学生正常参与体育活动造成影响。从这一角度来看，高校体育场馆的经营管理十分复杂，要兼顾的内容非常多，不仅要考虑体育教学的要求，还需要兼顾体育场馆的经营。怎样妥善处理教学与经营间的关系是当前高校发展体育事业、推动体育经济发展需要解决的首要问题。因此高校体育场馆必须立足学校实际，积极完善专项管理制度，以实现对体育事业的专门化管理。

三、高校体育场馆的岗位职责划分

高校体育场馆在推动对外开放工作的实施过程当中，要想取得经济效益就必须有科学规范以及完善的经营管理制度作为必要保障和根本支持。要规范场馆的经营管理，首先需要做的就是对各个岗位承担的职责进行准确说明和科学划分，恰当安排岗位职责，优化组织结构，助推体育场馆的经营与发展。一般岗位与职责可从管理层次与管理职责这两个角度出发进行有效界定与说明。就管理层次而言，需要积极制定并落实馆长岗位职责以及值班人员的岗位职责；就管理职责而言，需要设置专门的办公室岗位职责、设备岗位职责、场地岗位职责等。

四、高校体育场馆的使用制度

高校体育场馆具备丰富而又多样的资源，积极推动场馆对外开放和对外经营活动的重要目的就是要将资源进行科学合理的利用，保证场馆的使用效率，促进各项资源的优化配置。基于此，在高校体育场馆经营管理当中积极落实场馆使用制度显得尤为关键。使用制度通常专门针对场馆使用情况制定，会以场馆使用规定或入馆须知的形式呈现在广大消费者面前。如今绝大多数的高校都建立了针对场馆使用的规章制度，便于对场馆进行科学化管理。

第四节　高校体育场馆运营的经济风险

在现阶段市场经济体制改革深入推进的背景下，企业在经营过程当中所面临的风险显现出多元化的特征。通常情况下，企业会面临管理风险与经济风险这两大风险。管理效率是企业运营发展的根基，经济效益是企业得以生存发展的前提。这两个方面当中的任何一个方面出现问题都会对企业的发展带来极大的影响。高校体育场馆的运营发展处在市场经济体制下，当然也会面对多种多样的风险，不过和企业相比，高校体育场馆所面对的风险具有相对性，高校体育场馆在经营当中的风险具体会在盈利上体现出来。

一、高校体育场馆经营风险分类

（一）体育及体育场馆的经济风险

1. 体育经营不善导致的经济风险

体育经营不善导致的经济风险指的是体育经营单位在开展运营发展活动的过程中因为存在不确定因素而给单位带来的经济方面的损失。其中所提到的不确定因素在经营上可以划分为成功与失败这两个因素。成功的经营能够让单位获得良好的经济效益，并且实现良好的发展，但是经营失败则会导致巨大的损失，甚至直接关系到体育经营单位的生死存亡。

2. 体育场馆经营不善导致的经济风险

体育场馆经营不善导致的经济风险指的是体育场馆在面向全社会开放过程中遇到的风险问题。体育场馆的经济风险出现的原因多种多样，其主要原因有内外部环境存在不确定因素、经营服务以及相关管理活动特别复杂、体育场馆在部分活动的组织实施中能力有限。

（二）高校体育场馆运营风险分类

1. 按照经济风险的来源划分

如果把经济风险的来源作为风险类别划分依据，体育场馆在运营中遇到的风险主要分为外部风险与内部风险两大类。

外部风险的主要含义是高校体育场馆在外部经营实践当中产生的风险问题。

外部风险通常可以细分成三类：第一，微观外部风险，主要指的是高校体育场馆外部环境以及与场馆经营直接产生关联的个体为场馆经营发展所带来的风险。其中，极具代表性的有供应商风险、顾客风险等。第二，中观外部风险，主要指的是高校体育场馆中观环境为场馆经营发展带来的经济风险。第三，宏观外部风险，主要指的是与高校体育场馆宏观环境相关的社会与经济环境风险。

内部风险的主要含义是高校体育场馆自身具有的风险。内部风险可以细分为以下三类：第一类为产品风险，也就是说高校体育场馆所提供的服务产品的风险，其中主要包括产品结构风险、新产品研发风险、产品竞争力风险等。第二类为财务风险，也就是高校体育场馆财产受损的风险，这里所提到的场馆财产包括有形资产及无形资产两大类。第三类为营销风险，也就是高校体育场馆在进行营销过程中产生的风险，具体包含营销能力与售后服务风险这两个部分。

2. 按照经济风险产生的原因划分

如果把经济风险产生的原因作为风险类别划分的依据，体育场馆在运营中遇到的风险主要分为自然风险、人为风险、政治风险与技术风险四大类。

（1）自然风险，即因为自然的不规律变化为高校体育场馆经营发展带来的经济损失，事实上自然风险问题是常常出现的。在各种不同种类的风险中，保险人承保最多的就是自然风险，自然风险由于具有不可控性、周期性以及共有性等特点而受到人们的高度关注。

（2）人为风险，即由于社会或者校内体育消费者的不良行为而给场馆经营发展带来的经济损失。

（3）政治风险，即高校领导变动、场馆发展模式突变、高校方针政策转变等情况的存在给高校体育场馆经营发展带来的损失与风险。

（4）技术风险，即高校体育场馆在推进社会实践活动时因为技术方面不能满足要求而影响到体育消费者的利益和需求满足，进而导致经济损失的一种风险。

二、高校体育场馆规避经济风险的方法

随着经济的迅猛发展，我国步入了经济腾飞的新阶段，资本市场资金的聚拢速度逐步加快。但是，我们也要看到，随着市场经济体制改革工作的深入推进，整个市场的竞争激烈程度逐步增加，企业所面对的竞争压力也与日俱增。在这样的情况下，如果企业忽视对自身经营管理模式的创新和改革，就很可能会被整个市场淘汰。而经营管理模式的创新和改革又会在很大程度上增加经济风险发生的可能性。在市场经济体系中，高校体育场馆不管是在经营管理观念还是在经营管理模式方面，都缺少相关的实操经验和能力，假如盲目进入市场的话，很容易被市场淘汰，从而在经营发展中将遇到极大的风险，特别是经济风险，甚至会出现不可逆转的后果。面对这样的情况，高校体育场馆要想真正规避在市场适应和发展进程中的诸多风险问题，必须积极完善风险规避的策略体系。高校体育场馆在经营管理实践中提高对风险管理工作的重视程度是为了更好、更及时地发现其中的风险和问题，将风险扼杀在萌芽状态，或者是尽可能地把风险可能造成的危害降到最低，趋利避害，有效提升风险管理的有效性。

（一）高校体育场馆经济风险管理的概念

经济风险管理是高校体育场馆经营管理工作中必须要把握的重点内容，要求在场馆经营管理过程中有效控制因为突发和预期之外的特殊事件给场馆带来的有形与潜在损失的可能性。本节中讨论的风险问题主要有场馆形象和声誉受损、遭遇经济损失、影响场馆发展前景与未来经营。

（二）制订高校体育场馆经济风险管理计划

纵观目前高校体育产业的发展现状和所处的发展阶段，我们必须清醒地认识到高校的体育产业发展体系还非常不成熟，正处在初级发展阶段，相关制度措施还没有真正建立起来，同时存在系统不完善和体育经济发展模式不科学的问题，因此在管理领域有着很多亟待解决的问题。正是因为这些因素的存在，高校在发展体育产业的过程中面对的经济风险是十分严峻的。尽可能地控制与减少经济风险，引导高校体育产业进入一个蓬勃发展的新阶段，这是高校在发展体育产业过程当中需要积极思考的问题，而解决这个问题的一个重要方法就是科学设计风险管理计划与方案。

在风险管理工作的具体实施中做好风险管理计划的设计是最为关键与必要的环节，通常可以将计划制订分成三个重要阶段，分别是风险确认、风险评估与风险处理阶段。这三个阶段统一在风险管理计划中，而每个阶段都存在着彼此关联的关系，缺少任何一个部分都是无法有效规避风险和保证风险管理效果的。在制订风险管理计划的过程中，场馆管理者必须注重把这几个阶段与场馆运营的模式、管理观念进行有效整合来，做好面向广大体育消费者的调查调研工作，以便在此基础上确定体育场馆面对的经济风险，并尽可能地把经济风险降到最低。

1. 风险确认阶段

完成风险确认是做好风险管理的第一个阶段。所谓风险确认就是要对高校体育场馆在经营发展过程当中有可能出现的经济风险问题进行有效预测。可以选取的风险确认方法有很多，通常情况下应用广泛和效果比较突出的有以下方法：面向社会以及高校内部的体育消费者，通过调查问卷或者其他调查方式了解他们对高校体育场馆管理工作的意见与建议；对体育场馆各个方面的设备设施情况进行全面检查，并做好检查结果的评估和总结；引导内部员工进行密切的沟通交流，使他们能够立足实际，说明在运营当中遇到的问题和发现的问题。确认风险的重要目的是发现风险的主要因素与次要因素，为风险评估与处理奠定坚实基础。风险的主要因素主要是指内部管理部门以及管理人员；次要因素主要包括自然灾害以及广大体育消费者。高校体育场馆在整个经营管理过程当中，随时有可能出现风险问题，不论产生的风险是大还是小，均会产生一定的经济损失。面对这样的情况，高校体育场馆管理者必须提高对风险确认工作的重视程度，以便有效采取应对措施，减少风险，使高校体育场馆在经营管理中拥有一个优良的环境。

2. 风险评估阶段

在完成风险确认工作之后，接下来需要做的就是要积极完善风险评估，特别是要合理把控风险评估对象。风险发生频率与经济损失强度是风险评估的主要对象，也是在评估工作中需要着重把控的问题。风险属于潜在性的危险因素，这样的危险因素一直会在高校体育场馆运营中存在，面对风险评估这样的问题，必须结合以往事故的情况与过去的经验进行有效判断。一般而言，风险发生频率有经常与很少发生两种，经济损失强度有低度、中度以及高度三种。不管高校体育场馆开展怎样内容与形式的体育项目实践活动都是有风险问题存在的，这就给管理者提出了更高的要求，需要其提高对风险问题的关注度。

3. 风险处理阶段

在整个风险管理计划体系中，最后的工作步骤就是要做好风险处理工作。风险处理的主要工作事项是对确认与评估完毕的风险进行优化处理，然后通过处理风险这项工作的实施降低经济风险，减少高校体育场馆的损失。风险处理的方法有很多种，选取的方法必须要和风险管理规律相符，同时要考虑到高校体育场馆的经营管理现状和管理需求。具体来说，风险处理方法有以下几种。

（1）降低风险法。这个方法在高校体育场馆经营风险管理中居于核心地位，也是风险管理中最为常见的风险管理策略。场馆经营者首先要切实意识到风险是切实存在的，而且是一直存在于高校体育场馆经营发展活动当中的。在此基础之上，场馆经营者要积极运用有效方案和处理措施，降低事故出现的概率或者减少事故带来的负面影响与经济损失。具体来说，场馆经营者可以通过完善安全管理制度、做好体育器材维护保养以及更换工作等策略来降低经营风险。

（2）回避风险法。这一方法更常用在发生频率高、易造成严重不良后果的经营风险的处理之中。风险管理者在把握场馆经营管理中的各项问题时一定要在风险出现前做好风险的预防工作，建立完善的风险预防机制。实际上有很多风险是无法避免的，一旦出现就会造成严重后果，因此在开展体育实践活动前，就要做好对这项活动风险问题的全面研究和分析。假如风险是可以处理的，就必须立即进行处理，然后再组织开展各项体育项目活动。假如风险所引发的后果非常严重，组织者没有承担风险及其后果的能力，那么就要取消活动，从而回避风险。

（3）转移风险法。转移风险的方法是高校场馆经营管理当中常常选用的风险处理手段。具体的含义是管理部门在推动市场化进程当中，利用购买保险等方法处理经营风险，把组织体育实践活动等过程中遇到的风险尽可能地转移给个人或其他组织。购买相关保险是高校常用的降低与转移风险的方法，需要经营者或者活动组织者支付保险费用。在购买相关保险的前提条件下，如果在体育活动中出现事故或者造成经济损失，保险公司就会承担事故的经济赔偿，从而保障高校的利益。

（4）风险保留法。这一方法通常用在风险发生频率较低以及造成的损失比较小的体育活动的风险处理之中。高校体育场馆在实际的运营管理中通常会保留部分资金用来弥补消费者在参与体育实践活动中产生的损失，不过这些损失通常是比较小的，也不会经常发生，而且出现的风险后果是可控的。常见的风险保留法实施形式是提供基本紧急救护，给予消费者提供一定的经济补偿。

第六章 高校体育场馆信息化经营管理方式

第一节 高校体育场馆信息化管理平台建设

一、信息化管理平台的建设

目前，针对高校体育信息化管理平台建设的研究主要集中在 PC 平台在高校体育资源、体育场馆方面的应用，而对智能移动终端在高校体育场馆信息化管理服务中的应用的研究相对较少。在移动互联网背景下，体育信息化是体育发展的必然趋势，以信息化为手段促进体育现代化是体育信息化发展建设的最终目的。借助信息化技术不断完善体育场馆的信息化管理是推动体育信息化建设的目标之一。

随着信息技术的不断发展和应用，信息化管理平台的功能也在逐步完善，由以往 PC 平台的建设发展到智能移动终端。无论哪个平台都包括多个管理子系统，各子系统之间又相互联系。各子系统根据功能的不同主要分为用户管理子系统、场馆管理子系统、内容管理子系统和财务管理子系统。用户管理子系统主要是对用户进行管理，为用户运动健身提供一些服务和管理，如用户进行运动时在前端 APP 中预约场地、扫描二维码进行支付、场馆信息的精准推送、运动记录的监控、用户账户管理等。场馆管理子系统主要是对场馆的开放、维修及场馆人员的管理。内容管理子系统主要是实现开放信息化建设，达到信息公开，将场馆的开放时间、价格、区域和相关服务等内容通过一定的形式进行公示。财务管理子系统主要是对场馆的运营状况、器材的选购、场馆的维修管理进行系统化的管理。

手机 APP 对体育场馆的信息化管理研究较少。当下手机 APP 借助大数据挖掘、信息精准推送等计算机技术，通过完善 GPS 定位、蓝牙数据传输、心率监控等功能，为运动者提供了更便捷、更优质的服务。

二、场馆管理平台一体化建设

（一）多方面采集信息，为各管理系统提供信息资源

场馆管理平台通过信息采集，整理、了解高校体育教学的基本情况、体育场馆的使用和用户的运动习惯，对信息进行整理分析，可从杂乱无章的数据中发现有价值的信息，通过信息共享为其他子系统提供信息资源，便于对其他子系统的管理。信息采集主要是对高校体育场馆和用户信息的采集。场馆信息包括场馆的运营状况、开放时间、价格、环境以及所能提供的服务等，最重要的是场馆使用情况。用户信息主要是用户的浏览记录、使用习惯、意见反馈等。

RFID 是一种通信技术，可通过无线电讯号识别特定目标并读写相关数据，而无须在识别系统与特定目标之间建立机械或光学接触。RFID 技术作为智能化自动识别的技术，经过不断完善，已广泛应用于各个领域，其中在医疗、物流、交通等领域应用较为广泛，RFID 识别感知数据能力的提升和互联网、物联网、移动网络的融合给人们的生活和出行带来了更多的便利。收集实时数据进行分析处理，达到信息化管理和精准服务是以后的发展方向。RFID 会产生大量的有用信息，而这些信息是管理者做出决策的重要依据。结合高校体育场馆及服务地点固定的特点，可运用 RFID 技术对用户信息进行采集。高校体育场馆通过发放健身卡实现对健身者的管理，卡内存储每个健身人员的基本信息，并对数据进行加密处理。会员在消费时，可以通过刷卡进行结算，在 POS 机上产生的消费记录通过 GPRS 传输到后台服务器数据库。后台软件可对此信息进行管理、统计、分析。

（二）信息精准推送，实现场馆闲置信息与用户运动需求信息的衔接

针对场馆信息和锻炼人群场地需求信息不对称的问题，需要将用户在网络上产生的历史数据进行自动搜索整合，并在分析后得到用户感兴趣的信息类型。借助推送技术，使场馆闲置信息与用户健身需求信息相衔接，并将信息准确地推送给用户，以提高场馆

信息和用户需求信息的精准对接。

随着信息技术的发展，推送技术也不断进步，其从以往的 Ag (9) t 推送技术、协同过滤技术发展到 RSS 推送技术，不断地进行优化革新。在 RSS 推送技术中，可按照用户的需要，有选择地将用户感兴趣的内容聚合，为用户提供多信息的一站式服务，其主要发展方向为"智能信息推拉"（IIPP）技术，人工智能依据用户的需要，通过大数据分析用户日常生活产生的数据，推送满足用户个性化需求的信息，极大地提高了用户获取信息的效率。

由于推送技术的多样性，场馆信息化管理平台需要结合用户对场馆信息和体育资讯的需求，采用基于内容用户的推荐方法。基于内容的推荐的核心思想是在元数据中发现物品或者内容的相关性，并结合用户的日常习惯，推荐给用户相似的物品或者内容。这种推荐算法主要应用在资讯推荐上，不需要过多的用户数据。基于用户的推荐可采用基于用户的协同过滤推荐算法，这种算法是依据用户对物品或者信息的偏好，发现与当前用户偏好相近的用户，通过测算距离采用"K-Nearest Neighbor"算法，为用户进行推荐。这种算法不仅可以生成符合用户特征的个性化推荐结果，还可以发现用户的潜在兴趣。

（三）信息资源共享，促进场馆各管理子系统间协调配合

高校体育场馆缺乏专业化管理致使体育场馆资源的浪费，其中信息资源不对称造成的资源浪费和个别管理部门衔接不畅问题较为突出。为实现资源的有效利用，提升信息共享尤为重要。一方面是高校体育场馆管理系统中各子系统进行信息共享，另一方面是和社会上市场化运营的体育场馆的部分信息资源的共享。为协调场馆信息化管理平台各系统间的合作，我们可以结合信息采集部分对信息的采集整理将数据库所收集的信息进行整合分析，传递到高校体育场馆信息共享平台，实现各系统对信息资源的提取。

（四）实时动态监控，实现对场馆和用户信息的实时掌控

进行动态监控主要是为了掌握场馆的运营状况和使用情况，把握场馆和用户的实时动态，为用户提供实时服务信息。

动态监控既服务于用户又服务于高校体育场馆的管理。高校体育场馆管理部门通过信息化管理平台系统对繁杂的信息进行整理，得到场馆运营的收支状况、场馆利用现状

等信息，对场馆资源的利用起到非常大的促进作用。从动态监控的数据中可以得知不同项目的场馆使用情况、用户运动的规律等信息。高校体育场馆提供的实时场馆信息便于用户和管理者了解场馆的情况，为用户是否运动、什么时间运动提供了较为科学合理的意见。

动态监控的信息化管理源于动态监控和其他子系统有数据信息的共享需求，需要各个子系统之间建立一个有效的共享机制进行需求对接，保证动态监控工作的顺利开展。信息共享平台在应用监控系统时通过对信息进行整合、共享、传输、吸收、存储，形成良性循环。在信息化管理中，动态监控的报警功能是必不可少的，可以对场馆管理子系统设置阈值。比如，当游泳馆人数超过阈值时，及时报警进行管理，其他子系统通过信息共享将动态监控得到的信息进行分析利用，从场馆管理子系统中获取场馆的实时信息，前端的手机 APP 通过信息推送的方式将闲置的场馆信息推送给用户。

通过长期的动态监控，我们可以了解场馆哪些项目、哪些时间段运动者多，哪些项目、哪些时间段运动者少，从而进行场馆资源配置管理，避免出现意外事故。

（五）多元意见反馈，逐步实现专业化、人性化、智能化管理

大数据时代，信息即资源。意见反馈中蕴含丰富的信息，为了对信息资源进行收集，PC 端和移动终端可以加强与用户的交流沟通，开展用户意见反馈信息采集工作。结合信息化管理平台的设计，意见反馈需要做到智能化、人性化和简单易操作。意见反馈的方式通常有文本框留言、邮件、客服等，还可以结合场馆信息化管理建立一个较为完善的意见反馈系统，以了解运动者的意见。为节约成本，意见反馈可采用前端手机 APP 内置文本框进行留言反馈，允许提交图片、vlog 等。简单的问题可以设置有关自动回复，其他相对复杂的问题则可通过文本框留言的形式进行意见交互。意见反馈的数据信息与其他环节建立联系，这样意见反馈的数据资源便能够通过其他环节达到信息共享，对信息化管理的完善具有十分重要的现实意义。

建立意见反馈系统可采用 C/S（客户机和服务器）模式，在服务器端安装 MySQL 数据库、PHP 和 Apache，将 PHP 代码写入服务器，并在 MySQL 数据库建立意见反馈表。如此，当用户在客户端提出意见时，服务器端便会快速进行回应。

三、其他建议

1.高校体育场馆信息化管理平台的建设可为用户提供智能、便捷、个性化的信息服务。这一平台可以解决场馆信息和运动者场馆需求信息不对称的问题，通过信息采集和信息推送功能实现资源和需求的有效衔接。

2.高校体育场馆信息化平台的建设为高校创造了一定的经济效益和社会效益，推动全面健身的发展和健康中国的发展。因此，信息化管理应充分发挥高校体育资源的优势，借助信息技术优化场馆资源。

3.高校体育场馆信息化管理平台的建设既可满足体育教学的基本职能，又可利用公共体育服务社会群众，满足健身用户的需求，提升场馆运营的服务和管理水平，使高校体育场馆资源得到最优化利用。

4.高校体育场馆信息化管理平台的建设将产生大量的数据，这些数据可通过信息共享为政府、学校的决策者提供宝贵资料。

5.当下高校体育场馆专业化管理较少，信息化管理平台建设也相对较少。高校体育场馆的开放需要高校以及政府通力合作，尽快完成高校体育场馆信息化管理，及时满足社会健身人群的运动场地需求。

6.信息化管理综合平台的建设需要部分资金的支持，需要充分发挥政府优惠政策的作用。为推动全民健身的发展，高校要勇于创新，将信息技术合理地应用到场馆管理中，以充分利用高校体育场馆的资源。

第二节　高校体育场馆公共服务的优化发展

一、国内外大学体育场馆公共服务的主要做法与经验借鉴

（一）国外大学体育场馆公共服务的主要做法

西方公共服务机构的理念是公共服务供给的市场化。为了实现公共服务有效供给，场馆经营者可以通过采用市场化的运作机制提高场馆资产运营质量。西方国家高校体育

场馆公共服务高度市场化，管理经验先进，场馆利用率高，服务理念以人为本。目前，我国高校体育场馆运营改革正由事业型向民营化、企业化和市场化发展，研究西方国家高校体育场馆公共服务对我国建设体育场馆公共服务体系具有一定的借鉴意义。

1. 美国

美国高校校园体育精神充分调动了大学生的自主性，引导他们积极主动地进行体育运动，自我规划体育运动和体育消费，养成终身体育的习惯。美国大学有重视体育的传统，建有众多标准田径场及综合型体育馆，兼顾了适宜健身和适宜比赛的球类、田径、游泳、柔韧练习、力量练习等各个方面，体育设施种类齐全，非常完善。以斯坦福大学和华盛顿大学体育场馆设施为例，从数量上看，单斯坦福大学就有 17 个大型专业体育场馆（赛事标准），包括能容纳 5 万人的橄榄球馆、能容纳 7800 人的篮球馆以及能容纳 4800 人的棒球馆和一个大型田径场。另外，还有若干个保证学生、教师以及周边社区群众体育教学和锻炼的练习馆。华盛顿大学体育场馆设备的数量与类型亦不相上下。

从作用上来分，美国高校体育场馆从建设规划开始就分为两大类：竞赛类场馆及学生群体体育活动中心。这些体育场馆设施，除了少部分是用于校队训练外，绝大多数都对学生、教工和附近的居民开放。学生通常可以免费使用学校的体育设施，教工每年需要缴纳少量费用，校外社会人员则需要缴纳相对高一些的费用。例如，费里斯州立大学场馆分为校内开放和校外开放两类，竞赛类场馆因为要承担校际体育竞赛的活动多，场馆养护成本高，所以仅对本校学生开放。学生群体体育活动中心则全面对外开放，收费标准分为校内、校外两种，校外人员略高于校内教师，但又低于社会其他私人场馆，体现了高校体育场馆的公益性。本校学生凭学生卡免费进入校内所有体育场馆。社区居民通过办理会员卡进行体育消费，还可以参加学校各类体育运动培训班，租用器材进行体育锻炼。

美国高校体育场馆商业化运作模式大致分为两类：一是委托专业管理公司进行管理运营，依托其专业的设施维护、人员培训以及市场营销管理制度，有效延长了设施的使用时限。其丰富的赛事资源为高校带来各类赛事活动，提高了场馆的利用率，带来了良好的经济效益。例如，马里兰大学体育馆委托给拥有全球代理 200 多个场馆、具有丰富运营经验的美国战略管理集团公司（Strategic Management Group）。二是采用分层委托形式。学校将场馆委托给一个运营商,运营商又将票务、赞助、饮料、设备等业务委托给其他专业公司进行管理与运营。

专业管理公司将场馆有形资产采取不同的方式出租给俱乐部、公司、学校、商户、个人等,使场馆的租赁利益最大化,其出租方式主要包括四个方面:一是主馆空间的出租。将体育场馆主馆长期出租给职业体育俱乐部、中小学及社区等举办各类体育赛事或活动。例如,南加利福尼亚大学将其纪念体育场分别长期出租给当地橄榄球队和棒球队,用于进行体育比赛,也临时出租举办音乐会、会展、发布会、颁奖典礼等活动。二是附属空间的租赁。美国高校大型体育场馆是以体育为主的休闲娱乐场所,其附属空间商业用途广泛,可以用来出租给其他公司开办体育培训、健身等体育业务,还可以出租给商户用来开办体育用品、服装、餐饮、电影、住宿、旅游等购物娱乐业务。三是停车位的租赁。停车位租赁分为长租和临租,成为场馆租赁最为稳定的收入之一。四是设施租赁。美国高校体育场馆拥有更先进、更昂贵的高科技运动设施和娱乐设施,不仅能吸引天赋型运动员加入高校,还给观众带来更好的娱乐感官享受,吸引更多人员进行体育消费和娱乐消费。为此,很多高校在大型体育场馆装备高分辨率的视频显示器、巨大的电子记分牌、具有 3D 视觉效果的天空盒和声场效果出众的音响设备等。例如,密歇根大学在橄榄球馆增加了豪华包厢、舒适座椅和多种类型的高科技视听设备,既给观众和运动员带来极佳的视听体验,又能通过出租视听设备获取经济效益。

美国高校不仅注重体育场馆体育设备设施的完善,还非常重视学校体育服务网络平台的构建。网站内容包括竞技体育、大众健身、场馆信息、体育赛事等众多栏目,通过精美的体育运动图片和视频展示体育活动风采,体现体育精神。

2. 英国

英国体育公共服务的目标是让更多的人参与到运动中,每个人都有平等参与运动的权利,让年轻人养成终身体育的习惯。因此,英国政府非常重视体育公共服务政策保障,由英国文化传媒体育部(DCMS)专项负责国家体育公共服务的政策制定,为能真实反映体育公共需求、保障公众权益、科学与民主的政策,政府议员、非政府机构、体育行业的负责人及研究学者都会参与政策制定。为使公共服务市场化,英国政府采取的是 DCMS 政策决策机构与政策执行机构分离的方式，由民间组织负责体育场馆公共事务的管理和服务。英国最大规模的公共体育管理机构是英国体育理事会（UKSport），它是一个非政府公共管理机构，负责体育政策的推广及公共体育资金的分配与管理，公共体育服务资金来源于财政拨款和彩票基金。各地区体育理事会根据专家建议、运动者行为习惯及当地实际情况，对政策进行细化，做出合理的决策。英格兰体育理事会根据文化传媒体育部的公共体育相关政策，结合英格兰当地情况制订了 3 个体育计划：①大众体育健身运动计划，让更多的人平等地享受体育运动，养成有规律地进行体育锻炼的习惯，制订跟年轻人、残疾人、女性等群体运动行为习惯对应的计划。②专业运动员体育锻炼计划，注重对所有天赋型运动员运动潜能的发掘。③完善体育设施设备的计划，加大对公共体育设施的投资。

英国是现代体育产业的诞生地，历史悠久，其大学的大型体育场馆功能完善、设施齐全、种类齐全，可以很好地满足竞赛或休闲体育锻炼需求。赫特福德大学拥有英国大学中最豪华的体育馆，设有达到国家协会一级标准要求的羽毛球馆、篮球馆、排球馆、攀岩墙、游泳馆、健身房、瑜伽馆、跆拳道室、武术馆、健美操室、保龄球馆、射箭馆等。室外场地有体育运动场、板球运动场、2 个壁球场、2 个足球场、曲棍球场、橄榄球场、手球场、网球场、卡丁车场、高尔夫球场等。拉夫堡大学是英国的顶尖名校，以体育著称，拥有一个具备奥运会比赛标准的游泳池和田径场，有壁球场、橄榄球场、羽毛球场、足球场、网球场等场地，能满足开展 50 多项体育运动的需求，体育设施设备齐全，还拥有运动康复中心和运动科研中心。学校拥有 53 个体育俱乐部，除了常规的足球、篮球社团外，还包括空中特技、热气球、越野车、击剑、皮划艇、蹦床和啦啦队等社团。

英国高校体育经费来源渠道多，主要是政府财政拨款、彩票基金、公共捐助和商业赞助。英国非常重视大众体育的发展，20 世纪 80 年代起就鼓励高校体育场馆对外开放，积极为社区居民提供运动场所。丰富多样的体育俱乐部是大学生参加体育运动的主要场所。英国高校非常重视体育管理专业人才的培养，开设体育管理课程，体育管理专业由体育学院、锻炼和健康学科学院、商学院三个学院共同教授，任课教师也大多是在国际奥委会和欧洲委员会等著名组织中工作过的人员，学科体系非常完善且健全，为体育场馆运营培养了赛事推广与管理、大型活动策划、体育企业管理等专业人才。体育场馆管理方式有地方政府直接管理、委托管理和基金管理三种，现在也在积极吸引社会资本注入其中，尝试合同外包、特许经营与凭单制等多元化运营模式。但为保障体育公共服务的公益性，政府会制定相关的政策，防止企业为追逐经济效益而忽视大众体育健身的需求，确保体育场馆的经济性与公益性达到平衡状态。

3. 德国

德国是当今世界大众体育发展水平领先的国家之一，其大众体育发展模式对欧洲乃至整个世界大众体育发展都有着深刻的影响。从 19 世纪 80 年代末期开始，德国在体育场馆的建设规划中就结合周围公园与社区绿地等周边情况，以中小型场馆建设为主，将体育场馆与社区融为一体，形成了体育、生活一体化的城市格局。目前，亚洲国家体育场馆建设大都采用德国场园一体化的建设模式。德国大学体育场馆更注重综合使用，合理布局，而不是外观的宏伟壮观，其场地设施条件有些甚至非常简陋，但体育设施设备非常齐全，安装和拆卸非常便捷，使用率极高。德国冬季漫长，室外体育场地长期被积雪覆盖，使用率较低，但因拥有大量小型和条件较高的综合型体育馆，大众仍可享受到较好的公共体育服务。德国室内体育馆合理开发、综合利用馆内场地，通过电动升降帷幕将一个训练馆分为几个活动区域，可以同时安排三个以上不同运动项目，设施操控非常便捷，各项目之间又能互不干扰。运动器材的调整、安装、拆卸、搬运也非常方便，如篮球板、吊环、绳索等固定装置可以进行电动调节，足球门、双杠、跳箱等器械通过四轮小拖车进行运送，而像蹦床这种比较笨重的体育器材则可以折叠打包搬运。这使场馆的体育活动场地转换便捷、迅速，能满足多种运动需求，提高场馆的利用率。

德国体育场馆主要由社会体育社团或大众体育俱乐部等组织管理，其经费来源主要是会费、社会捐助、比赛转播、门票及财产分红等，此外，政府会给予一定的财政拨款和彩票基金支持。德国大学体育场馆上学期间对外开放时间是 17:00—22:00，假期时间为 16:00—22:00，对外开放模式为有偿和无偿相结合的模式，收费标准分为学生、教工、校外人员三类，其中学生收费标准最低，教工次之，校外人员最高。德国大学非常重视大众体育发展，根据人体发展规律和运动基本方式及体育锻炼原理将体育运动进行划分，设置不同项目，以满足不同年龄、不同群体的运动需求。例如，斯图加特大学将体育分成竞技类体育、休闲体育、格斗体育、健身体育四类，运动项目近 60 种，体现了学校体育活动的多样性、趣味性和自主性。学校聘用职业体育教师对锻炼者进行体育健身指导，使他们科学合理地健身，提高锻炼效果。同时，大学外聘具备体育器械专业维护知识和经验的人才负责学校体育器材的维护和管理工作。各大学的体育科学研究所制订冬季学期和夏季学期及假期的学校体育计划，来保障学校体育训练的持续性。这些计划延伸了学校体育的运动时空，也为大众健身提供了良好的运动环境，提高了场馆在假期的利用率，充分体现了体育场馆公共服务的公益性。

可见，国外高校体育场馆以提供公众体育服务为主要任务，以用户感受为出发点进行设计规划，结合信息化技术，积极开拓资源，为公众创造良好的健身环境，提供体育公共服务。

（二）国内大学体育场馆公共服务的主要做法

随着我国社会经济和体育事业的不断发展，全国各地都相继购入了一批包括大型体育场馆在内的体育设施，各高校也兴建或改造学校内的大型体育场馆，较好地缓解了人民群众日益增长的体育需求与公共体育资源紧缺之间的矛盾。

1. 清华大学

我国著名高等学府清华大学素来重视体育场馆建设，国学大师季羡林曾说："清华读过书的人，谁也不会忘记两馆。"[a] 其中一个就是体育馆。当时还流行一种说法："北大有胡适之，清华有体育馆。"学校建有综合体育馆 2 个、体育场 4 个，此外还有游泳馆、西湖游泳池、紫荆气膜馆、露天仿真冰场、具备承担国际赛事标准的射击馆、棒球场、室外力量训练区、东区体育活动中心、学生社区活动中心、网球场、篮球场等场地，运动场地面积达 22 万平方米，人均体育运动面积 4.61 平方米。这其中既有游泳馆、射击馆等专业场馆，又包括手球场、沙滩排球场等专业的户外设施。

西体育馆前馆建于 1916—1919 年，后馆建于 1931—1932 年，建筑设施与前馆巧妙衔接，建筑风格浑然一体。馆内有篮球场、手球场、悬空跑道以及暖气、热气干燥设备。

---

a 季羡林．季羡林文集［M］．南昌：江西教育出版社，1996．

室内游泳池实行水源消毒措施，十分注重卫生。这在当时的中国高校中绝无仅有，清华人曾长期为之自豪。为举办 2001 年世界大学生运动会，清华大学在没有政府拨款和民间投资的情况下，自筹经费建设综合体育馆和游泳馆，两者的总造价约 1.6 亿元人民币。该体育馆拥有 5000 个座位，是既能满足篮球、排球、体操等项目的竞技比赛标准，又能满足举办晚会、大型演出、开学典礼等活动需求的大型综合型体育馆。为引进社会资本，清华大学将综合体育馆和游泳馆的冠名权分别以 5000 万元和 3000 万元的价格转让给香港著名企业家曹光彪和陈明，冠名为"曹光彪馆"和"陈明游泳馆"。

为积极发挥体育场馆的公共职能，清华大学体育场馆均对外开放，采取无偿和有偿相结合的开放模式，具体工作由行政部门负责，场馆收入按比例一部分上交给学校，一部分留下用来维护场馆。为提高场馆利用率，部分场馆对本校学生免费开放，本校学生刷卡进入学生社区活动中心，中心内设健身房、乒乓球室、琴房等。清华大学还通过开设各类培训班来提高场馆的利用率。培训内容非常丰富，既有针对成人和少儿分别开设的羽毛球、网球、篮球、乒乓球、轮滑、跆拳道、台球、幼儿体能训练、体质测试训练等体育训练，又有专门针对少儿的民族舞、拉丁舞、摩登舞、芭蕾等舞蹈培训，还有针对成人的瑜伽、肚皮舞、形体、国标舞、啦啦操、健美操培训，此外还有散打、围棋、武术、体育测试、素质拓展、体育与饮食指导、周五托管班等诸多项目培训。

在场馆数字化运用方面，清华大学开通体育场馆管理与网上预约系统，该系统包含场馆介绍、场地预约、培训及地图等几个栏目。学生和教工可以通过学校认证账号登录，可实时查询网球、羽毛球、乒乓球、篮球、排球 5 个项目场地使用情况并进行实时在线预约，可预约 3 天内的体育场地，极大地提高了工作效率及服务质量。

2. 深圳大学

深圳大学体育场馆公共服务的市场化程度走在各个高校的前列。深圳大学体育场馆数量较多、种类齐全、设备完善。深圳大学目前建有体育场 3 个、体育馆 2 个、篮球场 3 个、游泳馆 2 个、网球场 2 个、小球馆 1 个、高尔夫练习场 1 个，此外还有其他类型的体育场馆，占地面积达 15 万平方米，建筑面积达 6 万平方米，除了有足球、篮球、网球、游泳等基本项目之外，还有高尔夫、击剑、保龄球、壁球、太极拳、跆拳道、专业健身、舞蹈等 24 个体育项目，极大满足了该校体育教学、高水平运动队训练、体育竞赛、师生课外体育锻炼及各类体育俱乐部活动的需求。学校设立体育场馆管理中心，中心主任由学校行政部门任命，负责全校体育场馆的运营管理工作。

为使学校体育场馆更好地发挥其公共属性，不仅为大学生提供更好的体育公共服务，还能满足社区居民日益增长的体育运动需求，2007 年深圳大学体育场馆开始对外开放。收费标准按人员分为学生、教工、校外 3 类，按小时计费或按人数计费，并以 18∶00 来分段设置不同收费标准，如 18∶00 以前网球场 10 元 / 小时，羽毛球场 10 元 / 人。为错峰使用场馆，提高场馆利用率，对于早晨 6∶00—8∶00 的运动低谷期，学校通过允许学生免费使用体育场馆的方式来鼓励学生早上进行体育锻炼。为提高学生和教工的身体素质，吸引他们进行体育锻炼，学校向每一位在校学生和教工发放体育运动专项经费，学生每学期 150 元，教工每学期 200 元，以学期为周期，划拨到学生和教工的校园一卡通里，专门用于师生本人在校内各个收费体育场馆中进行体育锻炼的支出，如果一个周期内没使用完，此项经费自动清零，不累积到下个学期。这笔专项经费虽然是虚拟货币，但是达到了使学生和教工免费使用场地的目的，大大调动了学生和教工的运动积极性。据统计，通过使用此专项体育锻炼经费，收费场地运动人数比原来提高了 38.46%，从 2007 年的 26 万多人次提高到 2008 年的 36 万多人次。此项创新举措使大家运动热情高涨，提高了场馆的利用率，体现了高校体育场馆的公益性特点，为高校体育场馆公共服务提供了一个很好的创新思路。

伴随着信息化技术的发展，各个行业都在积极探索如何利用信息化技术改变行业服务管理模式。例如，深圳大学结合信息化技术开发了一个体育场馆网络订票系统，通过网络信息化技术实现了校园网与体育场馆资源信息的结合。学生和教工可通过该系统在线实时进行预订、退订、改签场地及场地信息查询等操作，免去了排队、交费的麻烦；场馆管理人员通过系统进行信息发布、用户管理、场地预订审核管理、场馆信息管理等，为场馆管理节约人力、物力，提高了场馆管理效率。2013 年，深圳大学正式投入使用此系统。据统计，全年使用体育场馆锻炼的人次从 2012 年的 31 万多人次增长至 2013 年的 47 万多人次，提高率达到 51.61%，场馆总体使用效率不断提高。深圳大学体育场馆公共服务信息化技术的应用为我们提供了一个很好的改革思路。

3. 其他

伴随着经济的快速发展，我国大型体育场馆运营模式也在逐步进行市场化改革，由传统事业型逐步过渡为由企业介入进行市场化运营管理的企业型。目前，我国大型公共体育场馆运营管理改革大概经历了传统事业型、委托物业公司或其他企业运营、事业单位企业化管理、企业化经营四个阶段。高校体育场馆由教育部门管理，其运营模式也由传统事业型逐步向企业型过渡。

通过对广州大学城 10 所高校的调查了解，体育场馆管理可以分为体育部门管理、委托物业管理、行政部门管理三类模式。根据场地情况分为无偿开放、有偿开放、分时段无偿开放三种方式，像足球场、田径场、篮球场、排球场等室外场地，因面积大、管理难度大，一般都是实行无偿开放，而像羽毛球场、乒乓球场等室内场地，因使用率较高且维护成本高，一般采取有偿开放，有些高校为突出场馆的公益性特点，早上 6：00—8：00 为运动低谷期，学生可以免费使用部分体育场馆。另外，健身房、瑜伽室这类需求量不是很高，又需要专业教练指导的场馆，一般只是满足高校自身教学需求而没有对外开放。

随着经济的快速发展，人口城镇化的步伐越来越快，伴随着越来越多的中小学裁撤、合并，中小学生集聚，体育场地逐渐被改造成教室、宿舍，体育锻炼场地不断被压缩，中小学体育场地人均占有量持续下降，很多学校已经不能满足学生体育锻炼的需求。为解决这一矛盾，有些地方政府向高校购买体育公共服务场所、设施及管理指导，并免费向中小学生开放。例如，湘潭市政府向三所高校购买体育公共服务，政府与高校之间签订购买服务合同，由政府出资，高校提供场地、设施设备供中小学生进行体育锻炼，并提供技术指导服务和管理，政府对所购买的公共服务进行质量评估。这种方式不仅切实发挥了高校体育场馆公益性的作用，也使高校体育场馆闲置资源得以有效利用，提高了高校体育场馆的利用率，它还是高校体育场馆公共服务的一个创新。

高校体育场馆相对于社会上其他场馆而言，社会化程度较低，社会体育场馆利用信息化技术实施信息化管理模式，从各个方面提供场馆服务，加强场馆的品牌效应以及多维度无形资产的开发利用，如公众号的运营，与周边交通、餐饮、商业联动，从各个维度给消费者带来便利服务，为周边产业和场馆带来了巨大的经济效益。例如，北京五棵松体育馆利用互联网、大数据等信息化技术，通过华熙 Live 客户端、微信、微博等当今"互联网背景下主流媒体的宣传，线上、线下结合，场内场外与其他合作伙伴结合，增加大量新的展示阵地，形成以五棵松体育馆为主体的品牌效应，成为我国"智慧场馆"发展的榜样企业。

二、国内外大学体育场馆公共服务的经验借鉴

自 1990 年以来，我国在许多大学兴建了各类型的大型综合性体育场馆，这些场馆不仅有效承担了各种大中型体育赛事，还满足了高校的体育教学、竞赛、训练的需求，同时为师生和居民提供了运动场所，有效地推动了全民健身运动的顺利开展。我国公共体育场馆数量不断增加、资产总额不断增加，其丰富的资源及强大的公共服务能力成为体育事业发展的巨大推动力。但大型体育场馆的建设与运营是各个国家普遍存在的难题，作为提供公共服务重要载体的高校体育场馆逐渐暴露出资产大量闲置、体制机制不适应、利用率不高、运营效能不佳、服务能力不强、持续发展动力不足等显著问题，这与我国公共体育场馆大多数是事业单位有很大关系。2012 年，国家体育总局针对全国大型体育场馆基本情况展开的调研结果显示，公共体育场馆中事业单位占比达到 80% 以上。2013年体育总局等八部门在《关于加强大型体育场馆运营管理改革创新提高公共服务水平的意见》中提出通过加强经济体制改革，逐步实现大型体育场馆规模化、专业化、社会化运营，提升公共体育服务水平。

西方发达国家由于社会经济发展程度较高，体育场馆的发展进入相对成熟阶段，特别是其体育场馆资源相对充足，可以满足大部分居民的需求，较少存在体育场馆资源配置不均的问题。比如，由于中心城区拥挤，许多市民迁到郊区居住，这促使美国的体育场馆的建设位置在 1950 年开始发生变化，推动了郊区体育场馆的建设发展，同时成了当地经济新的增长点。由于英、美、德国家的市场经济高度发达，高校体育场馆公共服务市场化运作十分成熟，它们的建设与运营经验对我国高校体育场馆公共服务改革具有重要的借鉴意义，并提供了参考模式。

第七次全国体育场地普查结果[a]，全国共有体育场地 316 万个，人均体育场地面积 1.86

---

a　盛来运 . 稳中上台阶 进中增福祉——《2019 年统计公报》评读 [J]. 时事报告，2020（3）：18-23.

平方米，而美国人均体育场地面积高达 16 平方米，我国的人均体育场地面积不足美国的 1/10。体育场馆作为公共体育设施，是提供公共服务的重要载体。虽然我国公共体育场馆数量在不断增加，但是场馆建设初期，场馆位置、类型及功能规划是否合理都将直接影响人们的使用频率。

美国高校大型体育场馆选址一般遵循就近原则，但也不是只建在学校内，还会建在校区周围政府赠予的公共用地上。由于中心城区人口增多，许多居民逐渐迁往郊区，美国高校大多远离城市中心地带，从城市整体规划的角度出发，建造大型体育场馆，打造集体育竞技、休闲娱乐、购物、旅游、餐饮等于一体的新的商业圈，有利于拓展和优化城市空间，促进地方经济发展。英国大学体育场馆大多建在校内，场馆建设规模大、数量多、综合性强。德国体育场馆建设非常重视与周边环境的融合，采用运动、生活一体化的融合方式。

西方高校大型体育场馆规划设计时需要综合考量场馆运动项目、校运动队竞技水平及当地运动文化和运动传统等因素，其功能设计得非常灵活，具体表现如下：一是一馆多用，可承接多种赛事。比如，美国大学冰球馆还可承接篮球、室内足球、速滑、拳击等赛事；德国大学通过幕布将一个体育场地进行间隔分区，可以同时开展多个体育活动又互不干扰。二是综合规划，建设体育运动综合大楼，馆内运动种类丰富多样，除可以满足日常的篮球、羽毛球、乒乓球等项目运动需求外，还可以满足击剑、壁球、攀岩、瑜伽、跆拳道、保龄球等特色运动需求。所以，美国大学体育场馆以赛事为核心，积极开发场馆相关配套商业设施，是一个集体育锻炼、文化休闲等功能于一体的综合娱乐场所。

目前，我国大型体育场馆建设规划也对场地位置、赛事需求及赛后场馆利用等进行综合考量。比如，广州大学城体育场馆建设规划综合考量了广州亚运会赛事要求和赛后高校开展体育教学及社会体育的需求等因素。华南理工大学（大学城校区）体育馆是按既能满足举办国际乒乓球比赛的要求，又能满足篮球、羽毛球等比赛及体育教学、大型会议等多种要求来进行综合规划设计的。由于我国高校体育场馆大多建在校内，以满足体育教学及师生的体育运动需求为主，考虑到教学秩序及学校安全等因素，对其休闲娱乐方面的功能并未进行有效规划，这在一定程度上影响了高校体育场馆的综合开发。

三、高校体育场馆公共服务运营市场化

随着社会经济的发展，在市场经济条件下，单一的政府供应已不能满足公民多元化的需求，各国政府都在对传统的公共服务垄断供给模式进行改革，建立一个新的公共服务管理体系。就我国而言，市场经济体制进一步完善，政府职能转变，建设服务型政府，对体育场馆公共服务提出了多元化的需求，我们应结合我国体育发展实际情况，认真总结国外经验教训，构建符合我国实际情况的高校体育场馆公共服务模式。

（一）场馆建设融资渠道多样化

从上述对美、德等国体育场馆对外开放的现状分析可知，西方高校体育场馆不单纯依赖政府拨款维持，其市场化的运营、多渠道融资为其带来大量的建设维护资金。这些资金用于体育场馆的改建或保养及管理服务，有效延长了场馆的使用时限，也大大提高了场馆的利用率，提高了体育场馆公共服务质量。

由于高校大型体育场馆建设具有资金投入量大、回收周期长、维护成本高的特点，国有资本已难以独立承担，西方国家高校体育场馆形成了以市场化运作为导向、社会资本投入为主的多元化融资模式。美国高校体育场馆资金主要来源主要有以下六种：第一种是制度性基金。公立高校基金来源于国家财政，私立高校则由校董事会提供。另外，英国和德国还有体育彩票基金支持。第二种是发行债券。利用高校信用，向民间风投机构或私人发行债券，这种方式已成为高校场馆建设主要资金来源。第三种是特别募集基金。向校友及社会企业家募集资金。第四种是校际体育赛事收益。该资金来源方式虽不普遍，但金额也还可观。第五种是场馆收入。已建场馆收入盈余用来投入新建场馆，该费用有逐渐增长的趋势。第六种是企业捐赠。这种多渠道的融资方式更加的社会化、多样化，使资金得到有效保障，促进场馆稳定发展。

西方国家高校体育场馆健全的运行机制和完善的管理体制是高校体育场馆投融资渠道保持畅通的重要因素之一。在国家相应政策、法规的保障下，高校可以结合自身的特点利用各方面的优势，采取不同的融资方式，吸收多方面的投资资金，使其成为本校体育经费的主要来源之一。

（二）场馆经营化

美国高校体育场馆通过委托专业的场馆管理公司进行经营管理，场馆管理公司利用其先进的管理经验、专业的设施维护人员、丰富的赛事资源及多样化的营销手段，提高了场馆的利用率，增加了场馆的收入，有效延长了场馆设施的使用年限，为学生、教工及社区居民提供了优质的公共体育服务。有些委托运营公司还会委托其他专业机构负责安保、票务、争取赞助及专业设备维护保养等业务，以分担部门管理压力。英、德两国是由社会体育团体、体育俱乐部或职业体育经纪人负责场馆的运营管理，其团队和个人都具有非常专业的体育场馆设施维护、对外宣传和活动策划等运营管理能力和经验。目前，我国部分高校也将一些场馆委托给专业公司进行运营管理，如华南理工大学五山校区游泳馆就委托给专业机构进行运营管理并对外开放，极大地提高了游泳馆的利用率，也节省了人工成本和消费成本，提高了经济效益。

（三）租赁方式多元化

西方国家高校大型体育场馆运营公司充分挖掘场馆可租赁资源，不仅提供场地等有形租赁服务，还将场馆冠名权、媒体转播权、赛事冠名权、广告发布权等无形资产进行租赁或出售。

有形资产租赁包括体育运动场地出租、停车位出租、设施设备出租、广告位及商铺等周边设施出租，这些都为场馆带来源源不断的资金收入。

从20世纪90年代开始，美国高校体育场馆通过出租冠名权获取一定的经济收益。到了21世纪，美国高校大型体育场馆冠名权转让费一路上涨，从1500万美元到4000万美元不等，转让时限也从15年到30年不等。冠名权作为无形资产，已经成为高校大型体育场馆开发的重要部分。美国丰富的体育赛事不仅为人们营造了浓烈的体育氛围，赛事的转播权也给美国高校体育场馆带来高额收入。2004年美国大学生橄榄球决赛转播费高达3000万美元。此外，还有赛事门票及特许经营权等收入。美国高校体育场馆租赁方式的多元化为场馆带来可观的经济效益，这些资金可以用来改建和维护场馆，有效延长场馆的使用期限。

我国高校体育场馆的出租方式主要为有形租赁，包括体育场地、设施设备、广告位的租赁。少数市场化程度高的体育场馆将商铺冠名权、赛事冠名权等进行出租，而赛事转播权的出租则相对较少。例如，华南理工大学大学城校区体育场馆也仅限于场地及设施设备和少量广告位的出租，场馆的冠名权、赛事冠名权、停车场等未进行转让或出租。

（四）以赛为主，多项经营

在美国的许多大学里，学校的体育工作在整个学校工作中占有重要地位，且学校非常重视各类体育赛事，每年都要举办各种类型的校内比赛、校际比赛和社会体育赛事。学校之间的运动竞赛都是校长亲自参与，一些重要的校际体育比赛，各校校长还常常亲临赛场，和学生一起为参加比赛的校队呐喊助威。高校体育场馆除举办校际比赛之外，还举办了多场校内体育俱乐部、中小学、社区、职业体育联盟等比赛，有时也将场地出租给其他校外体育比赛。

我国高校体育事业整体发展水平比西方发达国家的整体发展水平落后，高校大型体育场馆主要功能是为学校的体育教学、体育训练、大型会议和文艺会演等提供活动场所。在日常使用中，大多数场馆被改成羽毛球场地被出租使用，场馆缺乏体育赛事的支撑，主要收入来源于场地的出租，难以维持场馆的日常开支，许多高校体育场馆水电费、空调费等都依赖学校经费，维修保养费大部分来也源于学校的专项维修经费。由于缺乏体育赛事的举办，高校体育场馆的主体功能也被弱化或异化，最终导致国有资产沦为沉滞资本。

为了更好地开发与利用我国高校现有大型体育场馆资源，其运营管理可以把"以赛为主，多项经营"作为指导思想，通过承办丰富而精彩的体育赛事使大型体育场馆的核心功能得以更好体现，这不仅极大地提高了场馆的利用率，创造了良好的商业价值，还调动了师生的体育运动热情，营造出一种健康愉悦的校园体育文化氛围，也增强了社区体育的发展活力。这样既获得了良好的经济效益，又取得了良好的社会效益。广州大学城校区体育场馆位于广州大学城，应充分利用10所高校集中于一地的优越地理位置，联合开发"高校体育赛事"项目，共同举办联合赛事，以带动高校竞技体育发展，这样既可以提高高校知名度，又可以吸引更多的企业投资。

四、利用互联网技术，提升服务质量

互联网时代，从金融投资到企业电商，从火爆荧屏的弹幕电影到微信订阅号，无不受互联网的影响。移动互联网对各个领域的影响不断加深，大数据也席卷各行各业，互联网信息技术的发展与大数据的兴起使人们对社会行为的研究更具有科学性与严谨性。无论是新加坡的"数字城市"便民计划，还是大数据助力全球环境治理研究，数字化已被引入社会管理的方方面面，高校体育场馆的数字化研究也被提上议程。

高校体育馆通过不断加强场馆信息设施、设备建设，增加更多的高科技设施及设备，给用户带来更高层次的视听感官享受、更舒适的体育健身体验及更便利的服务感受。除了将科技运用于场馆的硬件建设之外，更应该将其应用在后续长期的管理与服务中，在体育场馆发展过程中，对于场馆服务方面，也需进一步加大高科技的投入，让用户拥有更好的服务感受。

随着新的信息技术浪潮席卷全球，互联网技术的便捷性、实时性、准确性、高效性、服务性及安全性都给用户带来极佳的体验。例如，深圳大学利用互联网信息技术，开发体育场馆网络订票系统，实现校园网和体育场馆资源的信息化结合，学生和教工可以通过校园网即时完成对体育场馆场地预约、退票、订票及场馆信息查询等功能操作，其在便利性及服务性上的优势使参加运动人数明显增加，有效提高了场馆的利用率，更好地体现了体育场馆的公益性随着互联网技术与体育场馆管理服务的逐渐融合，其"以人为本"的服务理念被更好融入场馆管理之中，提高了体育场馆的利用率，更能充分发挥体育场馆公共服务的作用。目前，国内外都在重点运用互联网思维、大数据以及产业联动思维，从硬件、软件以及经营模式的路径选择和营销推广方式等方面入手，将场馆打造成"智慧场馆"，进而推动体育场馆运营的智能化改革，为消费者提供便利、有趣的高水平服务，最终实现"智慧场馆"的社会经济利益最大化，促进体育产业的蓬勃发展。

随着高校体育事业进入逐步发展成熟的阶段，高校体育场馆的发展与建设也进入新的阶段。如何使大学城高校间的体育场馆设施更好地服务更多的师生，如何从实际出发更好地提高高校体育场馆公共服务水平等问题是我们这一阶段亟待解决的重大问题。

对于高校体育场馆公共服务而言，无论是西方发达国家还是我国，都在积极推进体育场馆服务市场化改革。西方发达国家高校体育场馆拥有完善的政策法规制度、规范合理的设计理念、专业化的运营模式、多渠道的融资方式、多元化的租赁模式、先进的信息化技术等，对我国高校体育场馆的发展具有一定借鉴意义，但因我国政治体制、改革背景、经济基础等与西方国家不同，所以不能照搬国外的模式，需要结合我国高校体育场馆实际情况进一步分析，合理借鉴。国内已经完成体育场馆公共服务市场化改革的高校，对其他大学的体育场馆的市场化改革更具有借鉴意义，特别是其对互联网信息化技术与体育场馆公共服务的结合，值得其他高校体育场馆学习并探索实践。

五、大学体育场馆公共服务优化的对策建议

改革开放以来，随着广大人民群众的生活水平日益提高，人们对健康生活的需求和体育休闲的需求也越来越大，为了更好地满足大众的体育需求，各地方政府不断加大对体育场馆的建设力度，积极推动公共体育场馆向社会开放，为提高场馆的利用率，各大体育场馆的公共服务模式也在不断优化，逐步向市场化、企业化方向改革，这既提升了场馆的经济效益，又保障了体育场馆公共服务职能的正常履行。

（一）转变观念，提高认识，加强制度建设

在健康中国和全民健身已经上升为国家战略的大环境下，学校管理层应转变观念，积极推动校内体育资源对社会开放，打造资源全民共享的格局。通过体育资源的对外开放，不仅能满足人民群众日益增长的健身需求，保障《全民健身计划（2021—2025年）》的贯彻落实，还能提高学校的知名度。高校体育场馆对社会开放不仅造福于人民，造福于社会，还推动了国家体育产业的发展，保障了全民身心素质的全面发展，为民族复兴贡献了力量。

我国高校体育场馆具有准公共产品性质，为保障其公益性，需要国家对高校体育场馆市场化改革程度进行一定限制，以免其为追逐更高的经济效益而损害了人民群众的体育健身权益。政府应发挥宏观调控作用，不直接对高校体育场馆进行管理，但需制定考核标准并对其公共服务效果进行监管，从而保障高校体育场馆的经济效益和社会效益均不受损害。

高校体育场馆对外开放，发挥良好的公共服务职能，国家政策是必不可少的保障条件之一。政府相关部门可就实际工作中存在的问题制定保障政策并提供一定的经济支持。比如，北京市政府在已实施的《北京市全民健身实施计划（2016—2020年）》里对学校体育场馆在对外开放过程中的一些细节进行了详细的说明，并对在开放过程中产生的水电费和供暖费给予一定的补贴，对于在场馆健身中产生的安全问题制定了安全保险制度等一系列保障措施，并提供一定的经济支撑。

（二）深化改革，推动体育场馆公共服务市场化

随着国家经济体制改革的不断深入，体育场馆公共服务也面临着改革。特别是在事业单位改革以及各地体育场馆管理体制改革的探索与实践背景下，体育场馆将逐步改变过去以事业单位为主的运营管理模式，体育场馆运营模式将趋向多元化，呈现出事业单位企业化运营、企业运营、非营利机构运营、委托经营和租赁经营等多种运营模式并存的局面。高校管理层应积极拓宽思路，在满足高校体育教学、训练需求的基础上，采用"以体为本，多种经营"的运营方式，抓住校内体育场馆对外开放的机会，吸引有实力的社会组织和企业参与进来，积极推动体育场馆运营机制的转变，推动场馆运营的专业化和社会化发展，由事业型逐渐过渡到有偿经营结合型模式，使高校体育资源自我调整、自我更新的能力不断提高，实现体育场馆公共服务市场化改革的目标。此为新时代背景下高校体育场馆公共服务改革的必由之路。

1.深度挖掘场馆可开发资源，错峰使用场地

高校体育场馆在保证正常的教学质量与教学秩序之外，实行对外开放，以提高体育场馆的社会效益与经济效益。运营者可在现有对外开放的基础上，再深度挖掘体育场馆蕴含的可利用资源，提高场馆的利用率，提高场馆的社会效益。可以对体育场馆进行局部整改，如将健身房、瑜伽室改造成适宜对外开放的场馆，为人们提供多元化的体育服务，满足人民群众多层次的体育运动需求。

目前，对于存在运动低谷期的场地，可以通过运动低谷期免费开放或降低收费标准的方式吸引部分人员错峰使用场地，也可以借鉴深圳大学发放运动基金虚拟货币的方式吸引学生或教工错峰使用场地。这样既提高了场馆的利用率，又达到了全民健身的目的。

2. 利用学校人才资源，提供专业指导训练

随着公众健身意识的增强，越来越多的人开始注重科学健身，有针对性地进行训练，注重提高锻炼的效果。公众希望高校体育场馆在逐步提高开放性的同时能够配置一定的社会体育指导员，定期提供一定的健身指导，以提高健身锻炼质量。比如，华南理工大学可以利用学校大量的专业性体育人才，与体育学院、体育俱乐部、学生体育运动协会等组织合作，让其提供专业的指导训练，吸引更多的学生、教职工、社会人员加入体育运动中来。

3. 部分场地出租给专业公司进行运营管理

高校体育场馆走社会化道路是改革的必然趋势，引进专业的公司或团队进行运营管理能较大地提高场馆管理的专业化水平。例如，广州大学城校区教学区足球场（真草皮）出租给广州富力足球俱乐部，作为其队员日常足球训练场地，并由俱乐部负责场地草坪的维护。这样既增加了场馆收入，又节省了草坪养护成本，提高了场馆的利用率。其他像游泳馆等养护成本高、使用率较低的场地也可逐步尝试委托给专业公司进行运营管理，这样既减少了养护成本，又减少了人工管理成本，还能提高场馆利用率，为体育场馆摸索出一条市场化改革创新的道路。

4. 租赁模式多元化

高校体育场馆不仅可对体育场地等有形资产进行出租，也可考虑将大型场馆冠名权、赛事冠名权、广告位等无形资产进行出租。无形资产出租的好处是既不影响损坏场地的资源设备，又可以提高场馆经济收入，同时可以提高场馆及学校的知名度。无形资产出租带来的巨大经济收入，可以用来对场馆进行维护，延长场馆的使用寿命，充分发挥场馆服务公众的作用，提高场馆的公共服务水平。

5. 充分利用地理优势，举办赛事活动

美国高校体育场馆"以赛为主，多项经营"的运营模式不仅给高校带来了巨大的经济效益，提高了学校的知名度，还激发了更多学生及教工对体育运动的热爱，增强了他们参与体育运动的积极性，促使其养成体育运动的习惯，达到终身体育目的。

广州大学城建设初期，各高校大型体育场馆都是按大型比赛标准建设的，不同高校

场馆建设需求不同，可以满足各类赛事地要求。可由大学场馆委会牵头，联合大学城各高校及大学城体育中心，成立一个大学城体育竞赛联盟，积极举办高校与高校之间学生的各类型联赛以及教工联赛和社区居民的各类型联赛，最后形成一个年度体育赛事惯例，为整个大学城营造一个浓厚的体育氛围，促使学生、教工和社区居民都爱上体育，更加积极地投入体育运动当中。高校体育场馆通过这些联赛带动了社区体育甚至全民健身运动发展，充分发挥了高校体育场馆公共服务职能。

（三）以人为本，提升体育场馆公共服务水平

体育场馆对外开放就是为了给人民群众提供更多的公共服务。坚持以人为本的服务理念将有力提升体育场馆公共服务水平。信息化技术时代已经到来，网络信息技术等之所以能快速发展，是因为它能够最大限度地满足人们的需要，而与网络信息技术相结合必将使传统行业更加人性化。

当今社会，人们更重视服务和体验，为了满足人们的需求和提高服务水平，数字化已被引入社会管理的方方面面。体育场馆管理层应该运用互联网平台，将数字化技术运用到运营管理服务中，利用云计算、大数据、物联网等现代信息技术把互联网和体育场馆结合起来，做到以人为本，创新服务模式，打造"互联网＋体育场馆公共服务"服务体系，这样既能增强体育场馆消费者与服务提供者之间的信息交互性，也能让消费者体验到体育场馆结合数字化技术提供的个性化服务。

1.开通体育场馆微信公众号

微信公众平台由腾讯于 2012 年 8 月推出，短短几年间已经成为主流的信息传播渠道之一，是自媒体发声的重要渠道，也为党政机关、企业学校提供了一个新的信息传播平台。目前国内高校陆续开通了图书馆的微信公众号，方便师生查询信息与借阅书籍。随着智慧化校园的建设，许多高校在尝试校园一卡通、学生个人成绩查询之外，也把学费缴纳等服务一并放入其微信公众平台的服务中。

从趋势上看，师生对个人健康的重视程度较高，以后开通高校体育场馆微信公众号的高校将会越来越多。体育场馆微信公众号可以开发个人健康管理一项，可以通过数据授权及接入，累计师生进入场馆进行锻炼的时长、每日步数等，帮助师生实时掌握个人健康状况。

同样，我们可以在高校体育场馆微信公众服务号上增加个人体测、体检结果的查询功能，这样不仅方便学生查询体测成绩，还方便学生了解自己的身体健康状况。同时将学生每年的体检数据、体质测试数据及运动锻炼数据结合起来，即将体育健身与医疗保健相互结合起来，这样能够最大限度调动学生体育健身的积极性，使其通过体育健身来增强身体素质，继而根据身体素质有针对性地进行健身，两者相互结合、相互促进、共同发展。

2. 开发体育场馆应用

由于国家对网络建设的大力支持、智能手机的普及以及手机等移动终端具备的便携特性，移动应用（又称 APP）成为人们生活中的重要工具。移动 APP 的开发是体育产业发展的一个重要趋向。目前市面上主要有健身教学、运动辅助、体育新闻资讯、体育社交等多个类别的体育 APP。

高校数字化发展的重要途径之一是开发移动应用。体育场馆移动 APP 一方面能使场馆管理者借助移动终端查看场馆实时数据，进行管理，提升管理效率；另一方面可让 APP 使用者随时查看学校体育场馆的使用情况，并通过移动 APP 进行体育场馆的网络预约、付款等，极大地方便了师生的体育锻炼。

针对智慧校园中体育资源的发展状况，高校体育场馆 APP 可分为七大功能模块，包括校园体育资讯、体育活动实时日程、体育社团管理、师生体质测试数据查询、体育课表查询、场馆指南以及科学健身咨询，为学生提供全面的体育信息资源查询，帮助教师更好地进行体育教学管理，让学生更方便地利用现有的体育资源，并积极参与体育活动。

3. 营造校园体育文化建设的人文环境

社团活动是大学生校园生活的重要组成部分，其中体育类社团在校园社团中占据了半壁江山。通过 APP 进行体育社团信息管理，既能实现信息匹配，帮助不同兴趣的大学生发展体育爱好、锻炼身体和结交新朋友，又能使各体育社团之间进行互动交流及社团人气排名 PK，改变各个社团之间缺乏交流、合作的局面，这对校园体育文化和社团文化的建设都将产生巨大的促进作用。

高校体育场馆的开发带来的益处是多方面的，不仅能从功能层面满足在校师生的体育需求，促使校园内各体育社团的良性发展，提供校园体育资讯、体育课表、个人化体质测试成绩等的查询服务，倡导师生进行科学健身活动，还能从深层次的文化与心理层面营造独特的校园体育文化氛围。

4.建立便捷的体育场馆服务反馈模式

随着社交媒体的迅猛发展和公民自我意识的增强，现代网络用户已经从以往被动的接受信息转变成主动参与信息的传播，自由地发表言论和观点，他们在无形中成为服务的监督者和信息的传播者。这种互动式交流模式已经在淘宝、大众点评、同城旅游等众多电子商务平台得到有效应用,用户对商户进行评论,其他用户根据评价来进行消费选择。

所以我们可以在 APP 或微信公众号里建立服务评论模块，采用信息反馈模式，及时了解用户的意见和评价，从而对场馆的管理和服务进行改进。通过这个平台，师生与管理者可以实时进行信息互动，既能充分发挥用户的主体作用，又能提高场馆的服务管理水平。场馆可以在公众号或 APP 里建立专门的体育健身指导专栏，将健康、科学的体育健身知识传播给学生。同时，体育馆内可建立专门的网络化多媒体活动室或者健身活动中心，结合互联网技术，利用多媒体设备传播体育健身知识或进行专业的健身指导，使学生在进行健身活动的同时可以从资料及视频中学习到更多科学的体育健身知识。

公共体育场馆是公共产品，作为人民群众参与体育运动的重要载体，通过引进专业公司运营等市场化运营机制及运用互联网技术可以构建高校体育场馆公共服务体系，提高场馆的利用率，充分发挥高校体育场馆公共服务职能，推动全民健身运动的开展，提升国民身体素质，为全面建成小康社会做出贡献。

对高校体育场馆公共服务进行研究的根本目的是提高场馆使用效率，创新优化场馆公共服务体系，对此可采取以下几项措施:（1）完善体育场馆配套设施，搭建体育场馆无线网络。（2）根据体育锻炼的波峰与波谷时段，在满足日常教学、训练任务的基础上因地制宜，制定对策适当引导师生错峰锻炼。（3）深化改革，创新体育场馆运营模式，逐步实现体育场馆规模化、专业化、市场化运营。（4）加强体育场馆互联网数字化建设，开通场馆微信公众号，在其中设置场馆公告通知、场馆预订及咨询服务等服务项目，并利用数字化系统对师生运动数据进行管理。（5）探索开发场馆 APP 的可行性，利用数字化管理的特性提供多种渠道的场馆预订及咨询服务。通过对场馆进行数字化建设，加强师生与体育场馆管理者之间的双向互动，及时获取师生对体育场馆使用的意见和建议，切实提高场馆服务水平。

我国高校体育场馆较之社会体育场馆，在职能定位上有其特殊性，其公益性明显大于营利性。高校体育场馆首先要保障本校学生的体育教学任务，学校专业队和普通代表队的训练任务，满足学生体育社团、俱乐部的活动需求。此外，还要确保学校群体体育活动顺利进行，满足学校各类大型活动的任务需要，同时满足师生多元化、多层次体育锻炼需求。高校体育场馆作为城市体育公共设施的一部分承担着体育公共服务职能，应积极向社会开放，满足社区居民的体育需求等。根据研究情况，现阶段我国高校体育场馆公共服务在管理上还存在管理体制不健全、管理责权不清晰、相关政策不明确、规章制度不完善、管理流程不规范、运营团队不专业、市场化程度低等问题，造成场馆管理效率低、安全隐患大、国有资产流失等严重后果。

政府应把坚持高校体育场馆的公益性、开放性作为构建和谐社会、提升政府公共服务能力的一项重要任务，应在政策和资金上给予高校体育场馆大力支持，以确保人民群众能够充分享受均等化的政府体育公共服务，使人民群众能够以较低的价格享受到优质的服务。从当前我国改革与发展的实际情况来看，目前我们面临的问题已经不是我们是否要推进体育公共服务社会化的问题，而是如何不断创造条件，加快推动体育公共服务社会化的问题。大量的事实证明，在市场经济环境下，政府如果不积极推进体育公共服务社会化，不仅难以满足人民群众日益增长的体育锻炼需求，还会引发一系列严重后果。推动体育公共服务社会化不仅顺应了市场经济发展，也满足了现代服务型政府治理的需求。因此，在信息化的浪潮下，政府运用互联网思维，借助数字化技术，对体育公共服务进行管理模式上的创新是顺应历史发展潮流的，是符合经济发展规律的，这将有效促进体育产业的发展，有利于国家的繁荣昌盛。

参考文献

［1］刘佳.我国大型公共体育场馆经营管理现状与对策研究［D］.西安：西安体育学院，2012.

［2］刘烨.大中型体育场馆运营管理研究［D］.武汉：武汉体育学院，2014.

［3］易国庆.体育场馆动机经营与管理［M］.北京：人民体育出版社，2009

［4］赵钢，雷厉.体育场馆经营管理概论［M］.北京：北京体育大学出版社，2007.

［5］谈群林.体育场馆经营管理实务［M］.广州：华南理工大学出版社，2011.

［6］杨远波.体育场馆经营导论［M］.成都：西南财经大学出版社，2006.

［7］刘宏明，陈连友.我国体育场馆产业化发展现状及对策研究[J].内蒙古体育科技，2006(1)：16-17.

［8］万来红.体育场馆资源利用与经营管理［M］.武汉：华中科技大学出版社，2010.

［9］高扬，闵健.大型体育场馆建设与产业化运作研究M］.成都：电子科技大学出版社，2011.

［10］周翔.我国大型体育场馆产业化发展研究［D］.武汉：武汉体育学院，2007.

［11］谭建湘，霍建新，陈锡尧，王德炜.体育场馆经营与管理导论［M］.北京：高等教育出版社，2014.